2025
L'année de TOUS les DANGERS

SOMMAIRE

INTRODUCTION : Les 5 grands dangers de 2025

Bienvenue dans l'inconnu... ou presque. 2025 s'annonce comme une année charnière, un concentré d'incertitudes, de bouleversements, et de défis aux proportions titanesques. Si l'humanité n'en est pas à sa première crise, jamais le monde n'a semblé aussi proche de ce que les scénaristes d'Hollywood aiment appeler « un tipping point », ce moment où tout bascule.

Dans ce livre, nous n'avons qu'un seul objectif : déchiffrer les menaces qui se profilent pour tenter de vous préparer, à défaut de vous rassurer. Pour cela, nous avons identifié cinq grands dangers, véritables bombes à retardement prêtes à remodeler notre planète. Ces dangers ne sont pas seulement des sujets d'inquiétude ; ils sont les moteurs d'un monde en pleine mutation, et, pour certains, des terrains fertiles pour le chaos.

Les cinq cavaliers de l'apocalypse 2025
L'année à venir sera marquée par des défis en apparence distincts, mais qui, dans les faits, s'entremêlent et se nourrissent mutuellement.

.

Que ce soit par l'instabilité politique, les crises climatiques, ou encore les bouleversements technologiques, ces enjeux façonnent un paysage complexe où chaque décision, chaque omission, aura des conséquences.

1. Instabilité politique et géopolitique : quand le monde vacille

Le retour des grandes rivalités internationales, l'effondrement progressif des institutions multilatérales, et une polarisation politique croissante annoncent une ère de déséquilibres dangereux. Des tensions larvées entre les puissances mondiales aux mouvements populistes qui fracturent les nations, les lignes de faille se multiplient. La question n'est pas de savoir si elles provoqueront des secousses, mais quand et avec quelle intensité.

2. Crises climatiques : la nature frappe en retour

Inondations, incendies, tempêtes et sécheresses : la météo semble s'être transformée en une série de tests d'endurance. Si 2024 a été l'année des records de chaleur, 2025 pourrait bien être celle des records de catastrophes. Avec un écosystème au bord de la rupture et des limites planétaires déjà franchies, l'heure des comptes semble avoir sonné.

3. Dépendances énergétiques et ressources : une poudrière à ciel ouvert

Les matières premières stratégiques sont devenues la nouvelle arme de pouvoir. Qu'il s'agisse de terres rares pour les batteries ou de gaz pour chauffer nos foyers, chaque nation scrute ses stocks, ses alliances, et ses dépendances. Cette guerre silencieuse des ressources pourrait rapidement dégénérer en conflits économiques, voire militaires.

4. Fractures économiques et sociales : un cocktail explosif

Les inégalités atteignent des niveaux inédits, les classes moyennes s'érodent, et les institutions vacillent sous le poids des crises économiques successives. En 2025, les luttes sociales pourraient bien être la traduction brute d'un mécontentement généralisé, porté par des sociétés à bout de souffle.

5. Disruptions technologiques : l'innovation à double tranchant

L'innovation avance à un rythme effréné, mais à quel prix ? Entre les risques d'une automatisation débridée, les menaces cybernétiques, et les questions éthiques soulevées par les biotechnologies et l'intelligence artificielle, la frontière entre progrès et danger n'a jamais semblé aussi ténue.

2025 : pourquoi cette année compte double Si ces menaces ne sont pas entièrement nouvelles, ce qui rend 2025 si singulière, c'est l'imbrication de ces crises. Les solutions envisagées pour l'une peuvent aggraver une autre : chercher à sécuriser des ressources énergétiques peut alimenter des tensions géopolitiques, tandis que les bouleversements climatiques amplifient les fractures sociales. Tout est lié, et c'est là que réside le véritable défi.

Alors que vous vous apprêtez à plonger dans cet ouvrage, nous vous invitons à réfléchir à une question simple, mais essentielle : sommes-nous prêts ? Non pas à subir, mais à agir. Car derrière chaque danger se cache une opportunité – celle de repenser nos choix, de redéfinir nos priorités, et peut-être, de redresser le cap. Si nous avons encore le temps.

À lire avec prudence, mais surtout avec
attention : le monde de demain se dessine
aujourd'hui.

Partie 1
Les forces qui façonnent le monde

Chapitre 1 : Politique et géopolitique

En 2025, le monde se trouve plongé dans une période de bouleversements politiques et géopolitiques sans précédent, où les tensions internationales redéfinissent un ordre mondial déjà fragilisé. Les institutions qui avaient pour mission de garantir la stabilité planétaire et de favoriser la coopération entre les nations semblent aujourd'hui à bout de souffle, incapables de répondre aux crises de manière efficace et coordonnée. Pendant ce temps, les grandes puissances – autrefois garantes de cet ordre – traversent elles-mêmes des périodes d'instabilité interne, tandis que des tensions régionales menacent de déclencher des conflits de plus grande ampleur. Ce chapitre explore en profondeur ces dynamiques, en analysant les événements les plus récents et en évaluant leurs répercussions sur l'avenir.

1 - Gouvernance mondiale et tensions nationales

1.1 - Essoufflement des institutions internationales

Les institutions internationales, telles que l'Organisation des Nations Unies (ONU) et le G20, peinent à s'adapter aux nouvelles réalités du XXIe siècle. Lors du Sommet de l'Avenir, tenu en septembre 2024, les dirigeants mondiaux ont adopté le "Pacte pour l'Avenir", reconnaissant la nécessité d'une coopération multilatérale renforcée face à des menaces existentielles, telles que le changement climatique, les pandémies et les conflits économiques. Toutefois, l'optimisme affiché lors de la signature de ce pacte a rapidement été éclipsé par la réalité des échéances politiques et des intérêts divergents, entravant sa mise en œuvre. Cette incapacité à transformer les engagements en actions concrètes témoigne d'une crise de la gouvernance mondiale, alors que chaque État semble davantage préoccupé par la gestion de ses propres priorités que par la recherche de solutions globales.

L'ONU, autrefois symbole de la solidarité internationale, est aujourd'hui fragilisée par le manque de volonté politique de ses membres les plus influents. Les réformes tant attendues du Conseil de sécurité sont au point mort, et le veto utilisé par certaines grandes puissances bloque toute réponse significative aux conflits en cours. Les pays du Sud global, frustrés par cette paralysie, commencent à remettre en question la légitimité de ces institutions, cherchant d'autres forums pour faire entendre leur voix.

1.2 - Crises internes des grandes puissances

Les grandes puissances, en particulier les États-Unis et l'Union européenne (UE), sont également en proie à des crises internes qui limitent leur capacité à jouer un rôle stabilisateur sur la scène internationale.

Aux États-Unis, la réélection de Donald Trump en novembre 2024 a exacerbé les divisions politiques, plongeant le pays dans une atmosphère de polarisation croissante. Les manifestations et contre-manifestations se multiplient, alimentées par des désaccords profonds sur des questions comme l'immigration, les droits civiques et le rôle de l'État fédéral. Cette situation inquiète à la fois les alliés traditionnels de Washington, qui s'interrogent sur la fiabilité de leur partenariat, et les adversaires des États-Unis, qui voient là une opportunité pour renforcer leur propre influence.

En Europe, l'UE traverse une période de fragilité

politique due à des divergences croissantes entre ses États membres. Les débats sur la politique migratoire sont devenus âpres, divisant le continent entre ceux qui prônent une solidarité accrue et ceux qui désirent fermer leurs frontières. De même, la réponse aux crises internationales, comme la guerre en Ukraine ou la gestion des conséquences économiques de la pandémie, est marquée par des divergences d'approche qui affaiblissent la position de l'Union sur la scène mondiale. La montée des mouvements populistes et nationalistes complique davantage la prise de décisions communes, menaçant la cohésion et la stabilité du projet européen.

Parallèlement, la Chine et la Russie poursuivent leurs propres agendas stratégiques, profitant des faiblesses occidentales pour renforcer leur influence dans des régions clés. La Chine, en particulier, continue de développer ses initiatives liées à la Nouvelle Route de la Soie, consolidant son rôle de leader économique en Afrique et en Asie. Quant à la Russie, elle accentue sa pression sur les pays voisins, exploitant les divisions au sein de l'UE pour fragiliser ses opposants et rétablir une sphère d'influence comparable à celle de l'époque soviétique.

Ainsi, le monde de 2025 se trouve à un carrefour où l'incertitude prévaut, et où les alliances traditionnelles, les institutions internationales et les États eux-mêmes sont appelés à se réinventer pour éviter un effondrement de l'ordre international tel que nous le connaissons. Les défis actuels exigent non seulement des réformes structurelles, mais aussi un nouvel état d'esprit de coopération et de solidarité, face à des menaces qui ne connaissent pas de frontières.

2 - Retour de Trump à la Maison-Blanche

2.1 - Impact sur la politique mondiale

Le retour de Donald Trump à la présidence américaine en 2025 provoque des secousses profondes sur la scène internationale, marquant un tournant dans les relations mondiales. Sa politique "America First", qui avait déjà modifié les équilibres pendant son premier mandat, revient avec force, remettant en question les alliances traditionnelles et le multilatéralisme qui avaient été les piliers de l'ordre international depuis la fin de la Seconde Guerre mondiale. Le ton unilatéral et nationaliste de Trump réduit la place du dialogue multilatéral, alimentant un climat de méfiance et d'incertitude parmi les partenaires historiques des États-Unis.

Les partenaires européens, déjà ébranlés par les tensions des années précédentes, redoutent un nouveau cycle de confrontation avec Washington, notamment concernant l'engagement des États-Unis envers l'OTAN et leur participation aux affaires mondiales. Le retrait des engagements pris dans le cadre de la lutte contre le changement climatique, ainsi que la remise en cause des accords commerciaux multilatéraux, laissent les nations du monde dans une incertitude permanente. Dans ce vide grandissant, des puissances comme la Chine et la Russie cherchent à renforcer leur influence, en proposant des alternatives à la fois économiques et stratégiques, exploitant la moindre opportunité laissée par le retrait américain.

Trump renoue également avec une rhétorique conflictuelle envers les institutions internationales telles que l'ONU, qu'il accuse de menacer la souveraineté nationale des États-Unis. Cette posture affaiblit la crédibilité de ces institutions et encourage d'autres pays à suivre une approche plus nationaliste, rendant la coopération internationale plus difficile. En Asie, la rivalité avec la Chine s'intensifie, avec une course aux armements qui inquiète les voisins de la région et crée un climat de tension accru.

2.2 - Déstabilisation des alliances historiques

Le retour de Trump à la Maison-Blanche a le potentiel de redéfinir les alliances historiques, bouleversant les équilibres globaux de manière dramatique. L'Organisation du Traité de l'Atlantique Nord (OTAN), pilier de la sécurité transatlantique depuis des décennies, risque de voir son unité éprouvée si les États-Unis, sous la direction de Trump, choisissent de réduire leur engagement et de remettre en cause leur contribution financière et militaire. Cela crée un vide de leadership que les pays européens ne peuvent combler qu'à travers un effort soutenu pour développer leur propre capacité de défense collective.

Face à l'incertitude quant à la fiabilité du soutien américain, l'Union européenne est poussée à renforcer sa propre autonomie stratégique et à assumer davantage de responsabilités en matière de sécurité. Le concept d'une "Europe de la défense" devient plus que jamais une priorité, même si les divergences internes au sein de l'UE ralentissent sa concrétisation. Certains États membres, comme la France et l'Allemagne, plaident en faveur d'une coopération militaire plus étroite, tandis que d'autres préfèrent maintenir un lien fort avec les États-Unis, malgré les incertitudes entourant leur engagement.

La création d'alliances ad hoc en dehors des structures traditionnelles pourrait également devenir une nouvelle norme. Des pays comme la Pologne ou les États baltes, inquiets de la menace russe, pourraient rechercher des accords bilatéraux ou des coalitions de volontaires pour garantir leur sécurité. En Asie, les alliés des États-Unis, comme le Japon et la Corée du Sud, se trouvent également dans une position délicate, devant renforcer leur capacité de défense autonome tout en maintenant des liens avec Washington, malgré l'imprévisibilité de sa politique.

L'impact du retour de Trump se révèle donc bien au-delà des frontières américaines, influençant l'équilibre des pouvoirs et la dynamique des alliances à l'échelle mondiale. Dans un contexte de défiance accrue envers le multilatéralisme et de prédominance des intérêts nationaux, l'avenir des grandes coalitions internationales demeure incertain, tout comme la capacité de la communauté internationale à répondre aux enjeux globaux tels que le changement climatique, les crises sanitaires et les conflits régionaux.

3 – Conflit Ukraine/Russie

3.1 – Escalade militaire et conséquences économiques globales

Le conflit entre l'Ukraine et la Russie s'intensifie en 2025, marqué par des offensives militaires accrues et des violations continues du cessez-le-feu qui avaient été négociées à plusieurs reprises, mais jamais respectées durablement. Les combats s'étendent à de nouvelles zones stratégiques, y compris des régions à proximité des frontières de l'OTAN, augmentant les risques de débordement et d'engagement direct des forces alliées. Des armes de plus en plus sophistiquées sont introduites sur le champ de bataille, notamment des drones de combat et des systèmes de défense aérienne de nouvelle génération, renforçant l'intensité du conflit et élevant le niveau de menace pour la population civile.

Cette escalade a des répercussions économiques mondiales significatives. Les prix de l'énergie, déjà à la hausse suite aux sanctions imposées à la Russie, continuent de grimper, affectant l'économie mondiale. Les approvisionnements en gaz naturel sont perturbés, obligeant les pays européens à chercher des alternatives rapides, ce qui se traduit par une augmentation des coûts de production et une inflation croissante. Les marchés des matières premières, notamment le blé et les métaux rares, sont également perturbés, contribuant à une instabilité économique dans plusieurs régions du monde, en particulier dans les pays en développement qui dépendent fortement de ces importations.

L'insécurité alimentaire s'aggrave à mesure que les exportations de blé ukrainien, cruciales pour plusieurs pays du Moyen-Orient et d'Afrique, sont bloquées par les combats et le blocus des ports de la mer Noire. Cela provoque une flambée des prix des denrées alimentaires et accentue les tensions sociales dans les pays les plus vulnérables, menaçant de provoquer de nouvelles vagues de protestations et d'instabilité politique.

3.2 - Positionnement des puissances mondiales

Face à ce conflit prolongé, les grandes puissances adoptent des positions variées, reflétant leurs intérêts stratégiques et économiques. La Chine maintient une position ambiguë : d'un côté, elle appelle au dialogue et propose un rôle de médiateur potentiel pour mettre fin aux hostilités, tout en préservant des liens étroits avec Moscou. Le soutien économique de la Chine à la Russie, par des accords énergétiques et des échanges commerciaux renforcés, permet à la Russie de limiter l'impact des sanctions occidentales, tout en évitant une prise de position officielle qui pourrait nuire à ses relations avec d'autres partenaires internationaux.

L'Union européenne, pour sa part, se montre divisée face à la gestion de ce conflit. Tandis que certains États membres, notamment la Pologne et les pays baltes, plaident pour des sanctions plus sévères et un soutien militaire accru à l'Ukraine, d'autres pays comme l'Allemagne et la Hongrie se montrent plus réticents, craignant des répercussions économiques trop lourdes et une escalade militaire incontrôlée. Cette division affaiblit la capacité de l'UE à réagir de manière unie et efficace, ce qui profite indirectement à la Russie.

Sous la présidence Trump, les États-Unis pourraient revoir leur soutien à l'Ukraine, adoptant une politique moins engagée sur le terrain. Trump, qui prône une réduction de l'implication militaire américaine à l'étranger, se montre plus conciliant envers la Russie, suscitant l'inquiétude de Kiev et de ses alliés européens. Cette position ambiguë affaiblit le front occidental, laissant planer des doutes sur la volonté des États-Unis de soutenir leurs partenaires en cas d'agression plus large de la part de la Russie.

Par ailleurs, la Turquie joue un rôle de plus en plus complexe dans ce conflit. Membre de l'OTAN, mais entretenant des relations cordiales avec la Russie, Ankara tente de capitaliser sur son positionnement géostratégique pour accroître son influence. La Turquie a tenté de servir de médiateur entre Moscou et Kiev, tout en renforçant sa présence militaire en mer Noire, alimentant les tensions dans la région.

En résumé, l'escalade du conflit entre l'Ukraine et la Russie en 2025 a non seulement des conséquences dévastatrices sur le terrain, mais elle redéfinit également les équilibres géopolitiques mondiaux. Les divergences entre les grandes puissances sur la manière de réagir face à cette crise renforcent la fragmentation de l'ordre international, laissant entrevoir un avenir incertain où les alliances traditionnelles sont mises à rude épreuve.

4 - Zones de tension au Moyen-Orient

4.1 - Iran, Israël, et les conflits en Syrie et au Yémen

Le Moyen-Orient demeure une région de tensions persistantes et de conflits multiples, où les rivalités historiques et les intérêts stratégiques s'entremêlent pour créer un climat de violence et d'instabilité. Les relations entre l'Iran et Israël sont marquées par des hostilités croissantes, avec des échanges de frappes aériennes en Syrie et des cyberattaques récurrentes ciblant des infrastructures sensibles des deux pays. L'Iran poursuit le développement de son programme nucléaire, suscitant des inquiétudes internationales quant à la possibilité d'une prolifération d'armes nucléaires dans la région. Israël, de son côté, intensifie ses efforts diplomatiques pour renforcer ses alliances avec les États arabes modérés, tentant de créer un front commun contre l'influence grandissante de l'Iran.

En Syrie, le conflit civil se prolonge, impliquant diverses puissances régionales et internationales, dont la Russie, l'Iran, la Turquie et les États-Unis. Le pays reste divisé entre plusieurs factions : le régime de Bashar al-Assad, soutenu par la Russie et l'Iran, les forces rebelles, et les Kurdes, appuyés en partie par les États-Unis. La Turquie poursuit ses opérations militaires dans le nord de la Syrie, visant à affaiblir les forces kurdes, qu'elle considère comme une menace pour sa sécurité nationale. La présence de multiples acteurs extérieurs et les intérêts divergents des parties impliquées compliquent toute tentative de résolution pacifique du conflit, qui entraîne des souffrances incommensurables pour la population civile.

Au Yémen, la guerre continue de provoquer une crise humanitaire majeure, considérée par l'ONU comme l'une des pires au monde. Le conflit entre les rebelles Houthis, soutenus par l'Iran, et les forces pro-gouvernementales, appuyées par une coalition dirigée par l'Arabie saoudite, est marqué par des attaques incessantes et des violations des droits de l'homme. Les civils paient un lourd tribut, pris en étau entre les différents belligérants. Les infrastructures vitales, telles que les hôpitaux et les réseaux d'approvisionnement en eau, sont gravement endommagées, exacerbant la misère et la détresse de la population. Malgré les appels à un cessez-le-feu et les tentatives de médiation, les négociations piétinent, à cause de l'influence des puissances étrangères et de la complexité des dynamiques locales.

4.2 - La question énergétique et les rivalités régionales

Les ressources énergétiques du Moyen-Orient restent au cœur des rivalités régionales et des stratégies de pouvoir. Le détroit d'Ormuz, par lequel transite près de 20 % du pétrole mondial, est un point névralgique dont la sécurité est essentielle à la stabilité énergétique globale. Les tensions dans cette zone, alimentées par les provocations de l'Iran et les patrouilles militaires de la marine américaine, créent une situation explosive où une simple étincelle pourrait déclencher une crise internationale majeure.

Les rivalités entre l'Arabie saoudite et l'Iran, deux puissances régionales aux ambitions antagonistes, continuent de structurer la dynamique politique et économique de la région. L'Arabie saoudite, qui se présente comme le leader du monde sunnite, voit d'un très mauvais œil l'influence croissante de l'Iran chiite, qu'elle accuse de déstabiliser la région en soutenant des groupes armés en Syrie, au Liban, et au Yémen. Cette rivalité se traduit par une course aux armements et une influence accrue dans les pays voisins, rendant difficile toute perspective de coopération régionale pour résoudre les différents conflits.

De plus, les pays du Golfe, comme les Émirats arabes unis et le Qatar, tentent de se positionner comme des acteurs clés dans la gestion des ressources énergétiques, tout en investissant massivement dans la diversification de leurs économies afin de réduire leur dépendance aux hydrocarbures. Cette stratégie vise à préparer l'après-pétrole, mais également à renforcer leur influence économique et diplomatique sur la scène internationale. Cependant, la compétition entre ces pays, notamment dans la course à l'innovation et aux investissements étrangers, ajoute une couche supplémentaire de rivalité qui complique les efforts de coopération régionale.

Ainsi, le Moyen-Orient demeure une région marquée par de multiples lignes de fracture et des tensions incessantes. Les conflits en Syrie et au Yémen, les rivalités entre l'Iran et Israël, ainsi que les enjeux énergétiques font du Moyen-Orient un véritable baril de poudre où chaque événement pourrait avoir des conséquences globales imprévisibles.

5 - Chine, Taïwan et Corée du Nord

5.1 - L'expansion militaire de la Chine

La Chine poursuit l'expansion rapide de ses capacités militaires, s'affirmant de plus en plus comme une puissance régionale prête à contester la suprématie américaine en Asie-Pacifique. Cette expansion se traduit notamment par une augmentation de son budget militaire, le développement de technologies de pointe, comme les missiles hypersoniques, et une modernisation de ses forces navales et aériennes. En mer de Chine méridionale, la Chine renforce sa présence en construisant des bases militaires sur des îles artificielles, installant des systèmes de défense aérienne et des radars sophistiqués. Les patrouilles navales et les exercices militaires se multiplient, avec des manœuvres destinées à affirmer la souveraineté chinoise sur cette zone stratégique, au grand dam des pays voisins

comme les Philippines, le Vietnam et la
Malaisie.

Cette militarisation suscite de vives
préoccupations chez ses voisins et au sein de la
communauté internationale, qui y voient une
menace pour la liberté de navigation et la
stabilité régionale. Les États-Unis et leurs alliés,
tels que le Japon et l'Australie, intensifient leurs
patrouilles dans la région pour assurer la liberté
de navigation et répondre aux provocations
chinoises. Ces tensions exacerbent les risques
d'incidents militaires, qui pourraient dégénérer
en confrontation directe. Le Quad, une alliance
informelle regroupant les États-Unis, l'Inde, le
Japon et l'Australie, tente également de
renforcer la coopération stratégique face à
l'expansion chinoise, ce qui est perçu par Pékin
comme une tentative d'encerclement.

5.2 – Scénarios possibles d'un conflit dans le détroit de Taïwan

Les tensions entre la Chine et Taïwan
continuent de s'intensifier, la Chine ne cachant
plus son objectif de "réunification" avec l'île,
quitte à recourir à la force si nécessaire. Les
incursions aériennes chinoises dans la zone
d'identification de défense aérienne taïwanaise

sont de plus en plus fréquentes, avec des survols par des escadrons de chasseurs et de bombardiers équipés de missiles. Pékin envoie un message clair : elle est prête à agir pour préserver ce qu'elle considère comme une partie intégrante de son territoire.

Un conflit dans le détroit de Taïwan pourrait avoir des conséquences dévastatrices non seulement pour la région, mais aussi pour l'économie mondiale. Taïwan, premier producteur mondial de semi-conducteurs, joue un rôle essentiel dans les chaînes d'approvisionnement technologiques. Toute perturbation de cette production pourrait provoquer une crise économique internationale, affectant les industries de l'électronique, de l'automobile et des télécommunications. En cas de conflit ouvert, les États-Unis et leurs alliés seraient probablement contraints d'intervenir, ce qui risquerait de provoquer une escalade militaire majeure entre les grandes puissances, avec des conséquences potentiellement cataclysmiques.

Des scénarios préoccupants sont envisagés : une invasion militaire directe par la Chine, une campagne de blocus pour étouffer l'île et forcer sa reddition, ou encore une campagne de cyberattaques massives pour perturber les infrastructures taïwanaises avant toute action militaire. De son côté, Taïwan se prépare à une défense acharnée, avec le soutien militaire des États-Unis, qui continuent de fournir des armes sophistiquées à l'île pour renforcer sa capacité de résistance. La situation demeure extrêmement tendue, et le moindre incident pourrait dégénérer en conflit généralisé.

5.3 – Menaces nucléaires de la Corée du Nord

La Corée du Nord continue de développer son programme nucléaire et balistique, malgré les résolutions des Nations Unies et les sanctions économiques. En 2025, le régime de Kim Jong-un a procédé à une nouvelle série d'essais de missiles balistiques intercontinentaux, affirmant avoir la capacité de frapper des cibles sur le territoire américain. Ces actions augmentent les tensions dans la péninsule coréenne et posent une menace directe à la sécurité régionale et mondiale.

La rhétorique agressive de Pyongyang, combinée à sa volonté manifeste de renforcer son arsenal nucléaire, inquiète particulièrement la Corée du Sud et le Japon, qui renforcent leurs mesures de défense et intensifient leur coopération avec les États-Unis. Ces derniers ont augmenté la fréquence de leurs exercices militaires conjoints avec leurs alliés dans la région, en guise de dissuasion. Cependant, ces manœuvres sont perçues par la Corée du Nord comme des provocations, alimentant un cycle de tensions difficile à briser.

La Chine, principal allié de la Corée du Nord, joue un rôle ambigu. D'un côté, elle déclare vouloir éviter une crise majeure dans la région, tout en continuant de soutenir économiquement le régime nord-coréen, craignant un effondrement qui pourrait entraîner un afflux massif de réfugiés vers son territoire. Cette posture contribue à maintenir le statu quo, sans pour autant résoudre les problèmes sous-jacents qui nourrissent les tensions.

Ainsi, la situation en Asie de l'Est reste marquée par des tensions multiples et interconnectées. L'expansion militaire chinoise, les menaces sur Taïwan et les provocations nucléaires de la Corée du Nord créent un environnement où le risque d'une détérioration rapide de la situation est constant. La région reste une poudrière où les intérêts de grandes puissances s'opposent, avec des conséquences potentielles majeures pour la stabilité mondiale.

6 – Union Européenne et OTAN

6.1 – Crises internes dans l'UE

L'Union Européenne traverse une période marquée par des divisions croissantes entre ses États membres, exacerbées par des défis tant internes qu'externes. Les questions migratoires sont au centre des débats, opposant les pays favorables à une politique de solidarité, comme l'Allemagne et la Suède, à ceux qui prônent des mesures plus restrictives, comme la Hongrie et la Pologne. Ces divergences sont amplifiées par la gestion des crises économiques, notamment l'inflation et la hausse des coûts de l'énergie, qui ont mis en évidence les faiblesses de la coordination économique et monétaire au sein de l'UE. Les différends autour de l'État de droit, notamment en Hongrie et en Pologne, ajoutent à cette fragmentation, menaçant la cohésion de l'Union et mettant à l'épreuve sa capacité à maintenir des valeurs communes.

Par ailleurs, la montée des partis nationalistes et populistes dans des pays comme l'Italie, la

Suède ou la France complique davantage la prise de décisions collectives, en rendant les compromis de plus en plus difficiles à atteindre. Ces mouvements politiques, souvent critiques à l'égard des institutions européennes, remettent en question l'intégration et alimentent un scepticisme croissant envers Bruxelles. Cela a pour conséquence de ralentir les initiatives communes, notamment en matière de politique étrangère, de défense, et de transition écologique.

L'impact du Brexit continue à se faire sentir, créant des incertitudes particulièrement dans les négociations commerciales et dans le cadre des relations stratégiques avec le Royaume-Uni. Londres tente de maintenir une influence au sein de l'Europe, mais les frictions autour des accords commerciaux et de la gestion des frontières en Irlande du Nord posent des problèmes qui restent non résolus. L'Union Européenne, de son côté, tente de se positionner comme une force géopolitique indépendante, mais l'absence d'une armée commune efficace, le manque de leadership clair, et les divergences entre les États membres limitent encore cette ambition. Le projet d'une "Europe de la défense" avance difficilement, freiné par les réticences de certains États membres à céder une partie de leur souveraineté.

6.2 – La capacité de l'OTAN à gérer des conflits simultanés

Avec l'intensification des conflits en Europe de l'Est et en Asie, l'OTAN se trouve face à un défi sans précédent : être prête à intervenir sur plusieurs fronts en même temps. La guerre en Ukraine mobilise une grande partie des ressources de l'alliance, avec un soutien logistique, économique, et militaire massif à Kiev, qui sollicite fortement les capacités des pays membres. Pendant ce temps, les tensions croissantes en mer de Chine méridionale et autour de Taïwan nécessitent un redéploiement stratégique vers l'Indo-Pacifique, région où l'influence militaire chinoise est en pleine expansion.

Sous la pression de ses membres, l'OTAN a entrepris de moderniser ses équipements et de revoir ses doctrines militaires pour pouvoir répondre efficacement à ces menaces simultanées. La mise en place de la Force expéditionnaire conjointe de haute disponibilité, capable d'intervenir rapidement sur plusieurs théâtres d'opérations, est un pas dans cette direction. Toutefois, ces efforts mettent en évidence des tensions internes quant au partage des responsabilités et des coûts. Les États-Unis, qui restent le principal contributeur militaire de l'OTAN, poussent leurs alliés européens à augmenter leurs budgets de défense, une demande qui n'est pas toujours bien accueillie par des pays comme l'Allemagne ou l'Espagne, préoccupés par les contraintes économiques internes.

Par ailleurs, la capacité de l'OTAN à rester crédible et déterminée face à des menaces diversifiées est mise à l'épreuve par l'émergence de nouvelles formes de guerre, notamment la cyberguerre et les opérations hybrides. Les attaques cybernétiques, menées par des acteurs étatiques ou non étatiques, ciblent les infrastructures critiques des pays membres, rendant la coopération en matière de cyberdéfense essentielle. Les tensions internes entre les membres de l'alliance concernant la stratégie à adopter face à ces nouvelles menaces fragilisent la réponse collective.

En conclusion, l'Union Européenne et l'OTAN traversent une période de profonds bouleversements, marquée par des défis internes qui testent leur unité et leur résilience. Les crises internes au sein de l'UE, combinées aux défis opérationnels et stratégiques auxquels fait face l'OTAN, soulignent la nécessité de réformes et de nouvelles approches pour faire face à un environnement sécuritaire de plus en plus complexe et imprévisible.

7 – Émergence des BRICS et nouvelles alliances

7.1 – Expansion économique et influence croissante des BRICS

Les BRICS (Brésil, Russie, Inde, Chine, Afrique du Sud) s'affirment de plus en plus comme un bloc économique alternatif aux structures internationales dominées par l'Occident, telles que le FMI ou la Banque mondiale. En 2024, le groupe s'est élargi, en attirant de nouveaux membres potentiels tels que l'Egypte, l'Iran et d'autres nations désireuses de se détacher de l'influence occidentale. Cet élargissement marque une volonté des BRICS de s'imposer comme un acteur majeur sur la scène économique mondiale en 2025, présentant une alternative aux systèmes financiers traditionnels. Avec un poids économique cumulé représentant une part significative du

PIB mondial, les BRICS cherchent à remodeler les équilibres de pouvoir globaux.

Parmi les initiatives phares de ce bloc, la création de devises alternatives au dollar pour le commerce international est un projet emblématique. Cette stratégie vise à réduire la dépendance vis-à-vis du dollar américain, qui reste l'instrument principal des transactions internationales et des réserves étrangères. La Russie et la Chine, en particulier, militent pour une diversification monétaire qui affaiblirait le rôle du dollar, avec des discussions en cours sur l'établissement d'une monnaie commune ou de mécanismes de paiement alternatifs fondés sur des cryptomonnaies ou des monnaies locales. Ces efforts sont soutenus par l'intégration de la Nouvelle Banque de Développement (NBD), qui finance des projets d'infrastructure et de développement au sein des économies émergentes, fournissant une alternative aux crédits imposés par les institutions occidentales.

La "Nouvelle Route de la Soie" (également connue sous le nom d'Initiative de la Ceinture et de la Route), projet phare de la Chine, demeure au cœur de l'expansion de l'influence des BRICS. Cette initiative gigantesque vise à créer des infrastructures reliant l'Asie, l'Afrique et l'Europe de l'Est à travers un réseau de routes, de ports et de chemins de fer. En renforçant les connexions économiques et en ouvrant de nouveaux marchés, la Chine s'assure une place centrale dans les échanges commerciaux mondiaux, tout en consolidant ses alliances avec des pays stratégiques. Ce projet permet également aux autres membres des BRICS de bénéficier de nouvelles opportunités commerciales et de renforcer leur position sur la scène économique mondiale. Le Brésil, par exemple, voit dans cette coopération une chance de diversifier ses exportations, tandis que l'Inde cherche à accroître son accès aux marchés asiatiques et africains.

Cependant, les ambitions des BRICS sont également limitées par des différences internes et des intérêts souvent divergents, qui rendent leur coopération parfois fragile. Les tensions frontalières entre l'Inde et la Chine, par exemple, révèlent les limites de l'harmonie au sein du groupe. De même, la Russie, isolée par les sanctions occidentales en raison de son engagement en Ukraine, compte sur le soutien des autres membres, mais ces derniers ne partagent pas nécessairement les mêmes prioritsés stratégiques. Le Brésil, sous la direction de son gouvernement actuel, privilégie une diplomatie équilibrée qui lui permette de maintenir des relations à la fois avec l'Occident et avec les BRICS, alors que la Chine et la Russie prônent une confrontation plus frontale contre les puissances occidentales.

En outre, l'Afrique du Sud, bien que partie prenante du groupe, doit faire face à des défis économiques internes significatifs qui limitent sa capacité à investir dans des initiatives communes. L'écart de développement entre les membres des BRICS complique souvent la mise en œuvre de politiques économiques communes ambitieuses, chaque pays ayant des priorités nationales qui ne sont pas toujours alignées sur celles de ses partenaires. Malgré ces obstacles, les BRICS continuent de gagner en importance sur la scène mondiale, grâce à leur volonté commune de réformer l'ordre international en offrant des alternatives aux structures dominées par l'Occident.

7.2 – Nouvelles alliances et défis géopolitiques

En parallèle à l'expansion des BRICS, de nouvelles alliances se forment, rééquilibrant progressivement les rapports de force internationaux. Les BRICS cherchent à renforcer leur coopération avec d'autres économies émergentes, notamment en Afrique et en Amérique latine, dans le but de créer un réseau plus large de pays partageant des objectifs de développement et d'indépendance économique vis-à-vis de l'Occident. Cette stratégie inclut des initiatives telles que l'expansion de la Nouvelle Banque de Développement, qui vise à financer des projets d'infrastructure dans des pays en développement, et le renforcement de coopérations bilatérales, comme les accords énergétiques entre la Russie et l'Iran.

L'émergence de l'Organisation de Coopération de Shanghai (OCS), dominée par la Chine et la Russie, témoigne également de cette tendance à la constitution de blocs non occidentaux. L'OCS, qui inclut des membres tels que l'Inde, le Pakistan, et plusieurs républiques d'Asie centrale, cherche à renforcer la coopération sécuritaire et économique en Asie, réduisant l'influence des États-Unis dans la région. Cette organisation, bien que marquée par des rivalités internes, symbolise la volonté des économies émergentes de développer des partenariats autonomes qui ne soient pas dépendants des structures hégémoniques de l'après-guerre froide.

Malgré ces avancées, les BRICS et leurs alliés doivent faire face à des défis géopolitiques considérables. Les tensions avec les puissances occidentales, notamment autour des questions de sanctions économiques et des droits de l'homme, mettent en lumière les difficultés de concilier leurs ambitions avec les réalités d'une économie mondialisée où l'interdépendance est la norme. En outre, les différences internes persistent, et les divergences de vues sur des questions telles que le climat, le commerce, et la sécurité internationale compliquent la création d'une stratégie commune cohérente.

En dépit de ces obstacles, l'émergence des BRICS et de nouvelles alliances marque un tournant dans la reconfiguration de l'ordre mondial. En proposant des alternatives aux structures de gouvernance économique et politique dominées par l'Occident, ces pays contribuent à une multipolarité croissante, qui pourrait redéfinir les règles du jeu international dans les années à venir.

8 - Les océans comme territoires stratégiques

8.1 - Militarisation des eaux contestées

Les océans, en particulier les eaux disputées comme la mer de Chine méridionale, deviennent de véritables zones de tension militaire, où les grandes puissances cherchent à imposer leur présence et leur influence. La présence croissante de flottes militaires chinoises, américaines, australiennes, et japonaises reflète l'importance stratégique de ces routes maritimes pour le commerce mondial, qui voit transiter près d'un tiers du trafic commercial international. La Chine revendique une grande partie de la mer de Chine méridionale en s'appuyant sur des arguments historiques, tout en construisant des bases militaires sur des îles artificielles, renforçant ainsi sa capacité de défense et de projection de puissance dans la région.

Les États-Unis, au nom de la "liberté de navigation", multiplient les patrouilles et les exercices militaires avec leurs alliés, tels que le Japon, l'Australie et les Philippines, dans le but de contrer les ambitions de Pékin. Ces tensions croissantes mettent en péril la sécurité de la navigation, avec un risque accru de confrontations armées accidentelles entre les différentes forces présentes. La militarisation des eaux contestées ne se limite pas à la mer de Chine méridionale : l'océan Arctique est également le théâtre d'une course au contrôle, alors que la fonte des glaces ouvre de nouvelles routes maritimes et suscite l'intérêt pour ses ressources naturelles.

L'Arctique, en particulier, est devenu un espace de compétition entre la Russie, les États-Unis, le Canada, et d'autres pays européens. La Russie, forte de sa position géographique, a modernisé ses bases militaires arctiques et intensifié ses patrouilles navales, revendiquant son droit d'exploiter les vastes ressources de cette région. De leur côté, les États-Unis et leurs alliés déploient également des forces pour assurer la liberté de navigation et contrer l'influence russe. Cette course au contrôle de l'Arctique est motivée par l'intérêt économique des ressources sous-marines, mais aussi par l'ouverture de nouvelles routes commerciales entre l'Europe et l'Asie, réduisant de manière significative le temps de trajet par rapport aux routes traditionnelles.

8.2 – Ressources sous-marines et lutte contre le réchauffement climatique

Les fonds marins recèlent des richesses stratégiques, notamment des gisements de terres rares et de métaux précieux, qui sont essentiels à la transition énergétique et au développement des technologies vertes, comme les batteries pour véhicules électriques et les panneaux solaires. Cette ruée vers les ressources sous-marines suscite cependant de vives préoccupations environnementales, alors que les technologies pour leur extraction restent à la fois coûteuses, expérimentales, et potentiellement destructrices pour les écosystèmes sous-marins. La biodiversité marine est menacée par les opérations de prospection et d'extraction, qui peuvent entraîner la destruction d'habitats fragiles et avoir des conséquences à long terme sur la chaîne alimentaire océanique.

Les grandes puissances, telles que la Chine et la Russie, ont déjà lancé des programmes d'exploration des fonds marins, tandis que des entreprises privées, souvent soutenues par des gouvernements, cherchent à exploiter ces ressources stratégiques. L'Autorité internationale des fonds marins, chargée de réguler l'extraction des ressources situées en dehors des juridictions nationales, se retrouve confrontée à une pression croissante pour autoriser des projets miniers, malgré les appels de la communauté scientifique à une prudence accrue face aux risques écologiques. Les enjeux économiques et stratégiques l'emportent souvent sur les préoccupations environnementales, rendant difficile l'élaboration d'un cadre réglementaire qui protégerait les océans tout en permettant une exploitation responsable.

Parallèlement, les effets du réchauffement climatique sur les océans se font de plus en plus sentir. La montée des eaux menace directement les infrastructures portuaires et les populations côtières, particulièrement vulnérables dans des pays comme le Bangladesh, les États insulaires du Pacifique, et même certaines grandes métropoles comme Miami et Jakarta. La fonte des glaces polaires contribue à l'élévation du niveau des mers, tandis que l'acidification des océans, due à l'absorption accrue de CO_2, affecte les écosystèmes marins et menace la sécurité alimentaire de millions de personnes dépendant de la pêche.

Face à ces défis, la militarisation des océans et la lutte contre les conséquences du réchauffement climatique deviennent des enjeux cruciaux pour les grandes puissances. La gestion de la sécurité maritime et des ressources sous-marines, ainsi que la préservation des écosystèmes marins, nécessitent une coopération internationale accrue et la mise en place de mécanismes de gouvernance capables de concilier exploitation économique et protection environnementale. Toutefois, dans un contexte de compétition géopolitique exacerbée, la volonté de coopération est souvent éclipsée par des intérêts nationaux divergents, ce qui complique la mise en œuvre de solutions durables pour la gestion des océans.

9 – Vers une 3ᵉ Guerre mondiale ?

9.1 – Analyse des scénarios potentiels

Le spectre d'une troisième guerre mondiale plane au-dessus des tensions croissantes qui secouent la scène internationale. Plusieurs scénarios pourraient potentiellement déclencher un conflit global, où les grandes puissances seraient directement impliquées :

1. <u>Tensions énergétiques :</u> La lutte pour le contrôle des ressources critiques, telles que les terres rares, le pétrole et le gaz naturel, pourrait opposer directement des blocs rivaux. Avec l'épuisement progressif des ressources et la course à la transition énergétique, des tensions

croissantes émergent autour des régions stratégiques, telles que l'Arctique, la mer de Chine méridionale, ou encore le Moyen-Orient. Ces luttes pour l'accès et la domination des ressources énergétiques pourraient être étincelantes pour un conflit mondial, en particulier si elles menaient à un affrontement direct entre les grandes puissances économiques et militaires.

2. Conflits régionaux en cascade : Les conflits régionaux, comme celui en Ukraine ou les tensions dans le détroit de Taïwan, possèdent un potentiel d'escalade rapide qui pourrait mener à un conflit mondial. Une confrontation dans le détroit de Taïwan, par exemple, pourrait impliquer la Chine, Taïwan, les États-Unis, et leurs alliés dans la région, créant ainsi une situation explosive. De même, une escalade supplémentaire en Ukraine pourrait amener l'OTAN à être directement engagée contre la Russie, entraînant par conséquent une confrontation entre plusieurs blocs militaires. Ces conflits régionaux ont le potentiel de créer des "effets domino" qui pourraient rapidement dégénérer en un conflit généralisé.

3. Alliances conflictuelles et effondrement de l'ordre mondial : L'effondrement de certaines

alliances traditionnelles, combiné à la montée de nouveaux partenariats, pourrait déstabiliser l'équilibre actuel des forces et créer des coalitions antagonistes. L'affaiblissement de l'OTAN ou des divergences au sein de l'Union européenne pourraient laisser un vide que des alliances rivales, telles que les BRICS ou l'Organisation de Coopération de Shanghai, chercheraient à combler. Cette situation pourrait provoquer une polarisation accrue, où chaque bloc chercherait à assurer sa sécurité par la formation de coalitions militaires et économiques opposées, rendant plus probable une confrontation globale.

4. <u>Menaces cyber et technologiques :</u> La rivalité croissante dans le domaine technologique, notamment en matière d'intelligence artificielle, de cybersécurité, et de technologies militaires, ajoute un risque supplémentaire d'escalade. Les cyberattaques visant des infrastructures critiques, comme les réseaux électriques, les systèmes de communication ou les institutions financières, peuvent être perçues comme des actes de guerre. Un incident majeur pourrait entraîner une réaction militaire démesurée, entraînant ainsi une escalade incontrôlée. L'utilisation des nouvelles technologies, notamment les drones et les armes

autonomes, augmente également le risque de confrontation accidentelle ou d'erreur de jugement.

9.2 – Facteurs déclencheurs et perspectives

La combinaison d'instabilité économique, de défis climatiques, et de rivalités technologiques accentue le risque d'un conflit majeur. La compétition économique entre les grandes puissances s'intensifie, notamment en raison de la raréfaction des ressources naturelles et de la volonté de décrocher une place dominante dans l'économie du futur. Les chocs économiques résultant des pandémies, des crises énergétiques ou de l'inflation mondiale fragilisent les États, exacerbant les tensions internes et rendant les gouvernements plus enclins à adopter des politiques agressives pour distraire leur opinion publique des problèmes intérieurs.

Parallèlement, le changement climatique constitue un multiplicateur de conflits, accentuant les rivalités pour l'accès aux ressources en eau et en terres arables, et provoquant des migrations massives qui peuvent déstabiliser des régions entières. La sécurité alimentaire et les pénuries d'eau risquent de devenir des facteurs déclencheurs de tensions internationales. Ces problèmes écologiques, combinés à des rivalités économiques, pourraient mener à des conflits pour le contrôle des ressources naturelles essentielles à la survie.

Toutefois, une diplomatie proactive et des mécanismes internationaux efficaces pourraient encore jouer un rôle crucial pour éviter l'irréparable. La coopération internationale, le renforcement des institutions multilatérales, et la négociation d'accords de désarmement et de régulation technologique sont des pistes essentielles pour réduire les tensions. Des initiatives comme le Traité sur la non-prolifération des armes nucléaires ou des discussions sur la régulation de l'utilisation militaire de l'intelligence artificielle pourraient également permettre de contenir les risques d'escalade.

En conclusion, le monde semble se diriger vers une époque de multipolarité où les équilibres de pouvoir sont de plus en plus instables. Si les risques de conflits globaux sont réels, il reste possible d'éviter une troisième guerre mondiale grâce à une volonté politique forte et une diplomatie axée sur la prévention des crises. La responsabilité des grandes puissances et la capacité de la communauté internationale à agir de manière coordonnée seront les clés pour préserver la paix mondiale.

Le paysage politique et géopolitique de 2025 est marqué par des dynamiques imprévisibles et interdépendantes. La faiblesse des institutions internationales, les rivalités croissantes entre grandes puissances et la militarisation des tensions régionales dessinent un tableau alarmant.

Alors que les alliances traditionnelles vacillent et que de nouveaux blocs émergent, le monde s'engage sur une voie dangereuse où les choix stratégiques des prochaines années seront déterminants pour la paix et la stabilité. L'Histoire semble prête à basculer, et les acteurs internationaux jouent désormais une partie où chaque mouvement compte.

Chapitre 2 : Climat

En 2025, la planète est confrontée à une série de crises environnementales sans précédent, menaçant la biodiversité, les écosystèmes et la stabilité climatique. Ces défis interconnectés exigent une attention urgente et des actions coordonnées pour éviter des conséquences catastrophiques.

1 - Disparition des espèces et déforestation

1.1 - Effondrement de la biodiversité

Depuis 1970, les populations de vertébrés sauvages ont chuté de 73 %, un chiffre qui témoigne de l'état critique de la biodiversité mondiale. Les espèces d'eau douce sont les plus touchées, avec une diminution de 85 %, suivies des espèces terrestres (69 %) et marines (56 %). Cette perte massive de biodiversité est principalement due à la destruction des habitats, à la surexploitation des ressources, au changement climatique, et à la pollution. La destruction des habitats, causée par l'expansion agricole, l'urbanisation et les infrastructures, empêche les espèces de trouver des conditions favorables à leur survie et à leur reproduction.

La surexploitation des ressources, qu'il s'agisse de la chasse, de la pêche excessive ou de la collecte de plantes, a poussé de nombreuses espèces au bord de l'extinction. Les récifs coralliens, par exemple, sont gravement menacés par le réchauffement des océans, l'acidification des eaux et la pollution chimique, ce qui a un impact direct sur les milliers d'espèces qui dépendent de ces écosystèmes pour leur survie. L'érosion de la biodiversité ne menace pas seulement la faune et la flore, mais elle met également en péril les systèmes dont dépendent les sociétés humaines, comme la pollinisation des cultures, la régulation des nuisibles et la purification de l'eau.

Le changement climatique exacerbe encore cette crise, en altérant les habitats et en modifiant les conditions climatiques qui sont essentielles à la survie de nombreuses espèces. La fonte des glaces arctiques, la sécheresse accrue et les tempêtes plus fréquentes perturbent les cycles de vie des animaux, en particulier ceux qui ont des aires de répartition limitées ou qui sont spécifiquement adaptés à certaines conditions. Les espèces incapables de s'adapter ou de migrer vers des zones plus favorables sont condamnées à disparaître. Par ailleurs, les invasions d'espèces exotiques, souvent facilitées par les activités humaines, ajoutent une pression supplémentaire, en compétitionnant avec les espèces locales et en altérant les équilibres écologiques.

1.2 - Déforestation massive

La déforestation, en particulier dans des régions critiques comme l'Amazonie, l'Asie du Sud-Est et le bassin du Congo, atteint des niveaux alarmants, menaçant des écosystèmes qui abritent une biodiversité exceptionnelle. En Amazonie, la plus grande forêt tropicale du monde, la déforestation est souvent liée à l'expansion de l'agriculture, notamment la culture du soja et l'élevage de bétail, ainsi qu'à l'exploitation illégale du bois. Cette destruction des forêts entraîne une perte irréversible de biodiversité, avec des espèces qui disparaissent avant même d'avoir été découvertes.

La déforestation compromet également les services écosystémiques essentiels, tels que la régulation du climat, la purification de l'eau, et la conservation des sols. Les forêts agissent comme des puits de carbone, absorbant une partie significative des émissions de CO_2 mondiales. Leur destruction libère d'énormes quantités de dioxyde de carbone, exacerbant le réchauffement global et rendant plus difficile la lutte contre le changement climatique. La disparition des forêts fragilise également les populations indigènes qui dépendent de ces écosystèmes pour leur subsistance et leur culture, menaçant des modes de vie traditionnels souvent intimement liés à la protection de la nature.

Les conséquences de la déforestation ne sont pas seulement écologiques, mais aussi économiques et sociales. La perte des services écosystémiques, comme la régulation des précipitations et la stabilisation des sols, peut entraîner des répercussions importantes sur l'agriculture, augmentant la fréquence des inondations, des sécheresses et des glissements de terrain. De plus, la perte de forêts contribue à la propagation des maladies zoonotiques, les humains étant de plus en plus exposés à des pathogènes précédemment confinés dans des habitats forestiers.

Pour inverser cette tendance, des actions ambitieuses et coordonnées sont nécessaires à l'échelle mondiale. La reforestation, la protection des zones forestières existantes, et le soutien aux communautés locales sont des pistes essentielles pour réduire l'impact de la déforestation. Des initiatives internationales, telles que la déclaration de Glasgow sur les forêts et l'utilisation des terres, visent à mettre fin à la déforestation d'ici 2030, mais leur succès dépendra de l'engagement réel des gouvernements, des entreprises, et des citoyens à protéger ce patrimoine essentiel à la vie sur Terre.

2 - Pollution des océans

2.1 - Accumulation de déchets plastiques

Le "continent de plastique" du Pacifique Nord, également connu sous le nom de North Pacific Garbage Patch, est le symbole alarmant de la pollution des océans par les déchets plastiques. Cette immense zone de débris flottants a vu la concentration de déchets plastiques augmenter de manière exponentielle au cours des dernières décennies. En 2022, on estimait qu'il y avait jusqu'à 10 millions de microparticules de plastique par kilomètre carré, soit dix fois plus qu'en 2015. Cette accumulation de plastique est due à la gestion inadéquate des déchets, aux rejets industriels et aux pratiques Irresponsables de consommation, où de nombreux produits plastiques à usage unique finissent leur vie dans les cours d'eau, puis dans les océans.

Les microplastiques, ces fragments minuscules de plastique dégradé par l'érosion et le rayonnement solaire, présentent une menace grave pour la faune marine. Ils sont ingérés par le plancton, les poissons, et d'autres organismes marins, contaminant ainsi toute la chaîne alimentaire. Les oiseaux marins, les tortues et les mammifères marins sont également affectés, souffrant de blessures internes, de malnutrition et souvent de mort à cause de l'ingestion de plastique. La pollution par les plastiques ne s'arrête pas aux océans : elle finit par atteindre les êtres humains, qui consomment des poissons et fruits de mer contaminés par des microplastiques et des substances chimiques toxiques, posant des risques pour la santé, notamment des perturbations endocriniennes et des problèmes digestifs.

La présence de macroplastiques, tels que les filets de pêche abandonnés (également appelés "filets fantômes"), aggrave encore la situation. Ces filets continuent de capturer et de tuer des animaux marins pendant des années, piégeant poissons, tortues, et même des dauphins. La lutte contre la pollution plastique nécessite des mesures globales, telles que la réduction de la production de plastiques à usage unique, l'amélioration des systèmes de gestion des déchets, et la sensibilisation des populations aux conséquences environnementales de la pollution.

2.2 - Acidification et destruction des écosystèmes marins

Outre la pollution plastique, les océans sont également menacés par l'acidification due à l'absorption du dioxyde de carbone (CO_2) émis par les activités humaines. En absorbant près de 30 % des émissions de CO_2, les océans jouent un rôle crucial dans la régulation du climat mondial, mais cette absorption a un coût écologique élevé. Le CO_2 dissous dans l'eau forme de l'acide carbonique, qui réduit le pH des océans, entraînant leur acidification. Ce phénomène perturbe gravement les écosystèmes marins, en particulier les organismes calcifiants tels que les coraux, les mollusques et certains types de plancton, qui peinent à construire leurs coquilles et squelettes en présence d'un pH plus faible.

Les récifs coralliens, souvent décrits comme les forêts tropicales des océans en raison de leur extrême biodiversité, sont parmi les écosystèmes les plus vulnérables à l'acidification et au réchauffement des eaux. Si la température moyenne mondiale dépasse 1,5 °C par rapport aux niveaux préindustriels, ce qui pourrait se produire dès 2040, la plupart des récifs coralliens pourraient disparaître. Leur disparition aurait des conséquences dramatiques sur la biodiversité marine, car environ un quart des espèces marines dépendent des récifs coralliens pour leur survie.

Les effets de l'acidification des océans s'étendent également aux pêcheries, menaçant la sécurité alimentaire de millions de personnes qui dépendent de la mer pour leur subsistance. Les pêcheries côtières, en particulier dans les pays en développement, sont les plus vulnérables aux impacts de l'acidification et de la dégradation des écosystèmes marins. De plus, l'acidification contribue à la perte d'habitat pour les poissons et autres espèces marines, rendant les populations plus sensibles aux autres menaces, telles que la surpêche et la pollution.

La lutte contre l'acidification des océans passe par une réduction significative des émissions de gaz à effet de serre et une meilleure protection des écosystèmes marins. Des initiatives telles que la création d'aires marines protégées peuvent aider à renforcer la résilience des écosystèmes face aux changements climatiques. Cependant, la volonté politique et les efforts coordonnés au niveau mondial sont essentiels pour inverser la tendance actuelle et préserver les océans pour les générations futures.

3 – Fréquence et intensité des catastrophes naturelles

3.1 – Tempêtes, inondations et sécheresses accrues

Le changement climatique intensifie la fréquence et la gravité des catastrophes naturelles à travers le monde, et l'Europe n'échappe pas à cette tendance. En France, les inondations représentent 49 % des indemnisations versées au titre des catastrophes naturelles, suivies par la sécheresse (42 %), témoignant de l'ampleur de ces phénomènes. Entre 1982 et 2022, le coût total des catastrophes naturelles s'est élevé à

49,9 milliards d'euros, soit en moyenne 1,22 milliard d'euros par an. Les tempêtes, inondations et sécheresses sont devenues plus fréquentes et plus violentes, affectant à la fois les zones rurales et urbaines.

Les tempêtes, souvent plus intenses en raison du réchauffement des océans, détruisent des infrastructures essentielles, causent des coupures de courant massives, et laissent des milliers de personnes sans abri. Les inondations, liées à des précipitations extrêmes et des rivières qui sortent de leur lit, deviennent plus récurrentes et s'étendent même à des régions qui n'étaient pas historiquement sujettes à ces phénomènes. En parallèle, les périodes de sécheresse se prolongent et s'intensifient, affectant les réserves d'eau, les cultures et la biodiversité. Ces épisodes extrêmes, souvent alternants, créent un cycle de destruction qui affaiblit les systèmes écologiques et socio-économiques.

3.2 – Coûts économiques et humains

Les conséquences des catastrophes naturelles sont dévastatrices, tant sur le plan économique qu'humain. Les inondations en Espagne, notamment à Valence en octobre 2024, ont causé près de cent morts et des dégâts matériels considérables. Des milliers de personnes ont été déplacées, des maisons ont été détruites, et des infrastructures vitales ont été endommagées, rendant les efforts de secours encore plus complexes. Ces événements mettent en lumière l'impact économique des catastrophes naturelles sur les communautés et les économies locales, souvent incapables de faire face aux conséquences financières sans soutien externe.

Les coûts économiques incluent non seulement les dommages directs aux infrastructures, mais aussi les pertes de revenus pour les entreprises locales, la destruction des cultures agricoles, et les coûts de reconstruction. Le secteur agricole est particulièrement vulnérable, subissant de plein fouet les conséquences des sécheresses prolongées et des inondations qui détruisent des récoltes entières, menaçant la sécurité alimentaire et augmentant les prix des denrées. Les épisodes de chaleur extrême affectent également la santé publique, provoquant des vagues de mortalité, en particulier parmi les populations les plus vulnérables, comme les personnes âgées et les enfants.

Au-delà des pertes humaines et des dégâts

matériels, ces catastrophes ont un impact profond sur le bien-être psychologique des populations. Les personnes touchées doivent souvent faire face à la perte de proches, de leurs foyers et de leurs moyens de subsistance. Les déplacements forcés, la perte de ressources, et l'incertitude face à l'avenir créent des situations de stress prolongé, menant à une augmentation des troubles de la santé mentale tels que l'anxiété et la dépression. La capacité des systèmes de santé à faire face à ces crises est souvent mise à rude épreuve, en particulier dans les régions aux ressources limitées.

Les coûts croissants des catastrophes naturelles appellent à des investissements massifs dans la résilience climatique, la préparation aux situations d'urgence, et la mise en place d'infrastructures adaptées. Cela inclut la construction de digues et de systèmes de drainage pour prévenir les inondations, l'amélioration des systèmes d'alerte précoce, et la mise en place de réseaux de solidarité locaux. Les stratégies de gestion de l'eau, comme la conservation des réserves hydriques et l'amélioration de l'irrigation, sont également essentielles pour atténuer l'impact des sécheresses. La coopération internationale et l'engagement des gouvernements sont cruciaux pour réduire la vulnérabilité des sociétés face à l'augmentation de la fréquence et de l'intensité des catastrophes naturelles.

Le changement climatique agit comme un multiplicateur de menaces, amplifiant la fréquence et la gravité des catastrophes naturelles à travers le monde. Pour réduire les risques et protéger les populations, une action urgente est nécessaire, tant sur le plan de la réduction des émissions de gaz à effet de serre que sur celui de l'adaptation aux nouvelles réalités climatiques. Seule une approche coordonnée et globale permettra de prévenir les pires conséquences et de construire des communautés plus résilientes face aux événements extrêmes à venir.

4 – Projections climatiques pour 2025

4.1 – Augmentation des températures

Les projections climatiques pour 2025 indiquent une augmentation continue des températures mondiales, avec des effets amplifiés sur les phénomènes météorologiques extrêmes et des perturbations écologiques. Les étés deviennent de plus en plus chauds, avec des vagues de chaleur plus fréquentes et intenses, affectant aussi bien les zones urbaines que rurales. En Europe, la température moyenne estivale pourrait être supérieure de 1,5 °C à celle des années précédentes, entraînant des risques élevés de mortalité due aux coups de chaleur, surtout parmi les populations vulnérables.

Cette tendance menace non seulement la santé humaine mais aussi la sécurité alimentaire et la disponibilité en eau. Les cultures agricoles sont de plus en plus affectées par la sécheresse et les températures extrêmes, diminuant les rendements et augmentant les prix des denrées alimentaires. Les régions dépendantes de l'agriculture pluviale, comme en Afrique subsaharienne, sont particulièrement vulnérables à ces changements, ce qui pourrait aggraver l'insécurité alimentaire. En outre, la disponibilité en eau douce devient précaire dans certaines zones où les précipitations diminuent ou sont plus irrégulières, compromettant l'approvisionnement en eau potable et les systèmes d'irrigation.

Les écosystèmes naturels subissent également les conséquences de l'augmentation des températures. Les forêts boréales, par exemple, sont menacées par les incendies de plus en plus fréquents, alors que les écosystèmes montagnards voient leurs espèces migrer à des altitudes plus élevées, perturbant ainsi les équilibres écologiques. Les coraux, eux, continuent de blanchir sous l'effet de l'échauffement des océans, menaçant de disparition les écosystèmes marins qui en dépendent. Cette perte de biodiversité a un impact direct sur les populations qui tirent leurs ressources de ces écosystèmes, aggravant les difficultés économiques et sociales.

4.2 - Migrations climatiques et conflits

Le changement climatique pourrait contraindre 216 millions de personnes à migrer à l'intérieur de leur propre pays d'ici 2050, et les projections pour 2025 montrent déjà une augmentation significative des migrations climatiques. Ces déplacements massifs sont souvent provoqués par des événements extrêmes tels que les inondations, les tempêtes, la sécheresse et la désertification, qui rendent certaines zones inhabitables ou invivables. Par exemple, dans des régions comme le Sahel, la diminution des précipitations et l'avancée du désert forcent des communautés entrières à quitter leurs terres agricoles, provoquant des tensions avec les populations des zones d'accueil.

Ces migrations massives risquent de provoquer des tensions sociales et des conflits pour l'accès aux ressources, en particulier dans les zones urbaines surpeuplées où les infrastructures ne sont pas préparées à recevoir un afflux important de personnes. La compétition pour l'eau, la terre, et les opportunités d'emploi peut entraîner des tensions ethniques et politiques, exacerbant les inégalités déjà présentes. Les populations les plus vulnérables, y compris les femmes et les enfants, sont souvent les plus touchées, étant plus exposées aux violences et aux abus pendant les déplacements forcés.

Le risque de conflits pour l'accès aux ressources naturelles est également accru par le changement climatique. La diminution des ressources en eau, en particulier, est un facteur de tension majeur dans des régions déjà instables comme le Moyen-Orient et l'Afrique du Nord. L'assèchement des fleuves et la raréfaction des nappes phréatiques accentuent les tensions entre pays riverains, menaçant de transformer des disputes sur l'eau en conflits armés. De plus, le manque de ressources et la hausse des prix alimentaires peuvent être à l'origine de troubles sociaux, comme en témoignent les émeutes de la faim survenues par le passé en réponse à la hausse des prix des produits de première nécessité.

Pour prévenir ces migrations forcées et les conflits qui en résultent, une action coordonnée est nécessaire. Les stratégies d'adaptation doivent inclure le renforcement de la résilience des communautés face aux aléas climatiques, en améliorant les infrastructures, en diversifiant les moyens de subsistance, et en garantissant l'accès aux ressources de base. L'engagement de la communauté internationale est également essentiel pour soutenir les pays les plus vulnérables, à la fois sur le plan financier et en termes de coopération technologique, afin de limiter les dégâts causés par le changement climatique et d'atténuer ses effets sur les populations les plus touchées.

5 – Dépassement des limites planétaires

5.1 – Perturbation des cycles biogéochimiques

L'excès d'azote et de phosphore, principalement dû à l'utilisation massive d'engrais chimiques en agriculture, perturbe gravement les écosystèmes aquatiques et terrestres. Les engrais riches en nutriments, lorsqu'ils sont lessivés par les pluies, finissent par s'écouler dans les rivières, les lacs et les océans, provoquant des phénomènes tels que l'eutrophisation. L'eutrophisation se caractérise par une prolifération excessive d'algues, qui, en se décomposant, consomment l'oxygène dissous dans l'eau, créant ainsi des "zones mortes" où la vie aquatique est impossible. Ces zones, qui se multiplient dans les océans et les zones côtières, affectent gravement la biodiversité marine, notamment les poissons et les invertébrés, qui ne peuvent plus survivre dans ces environnements appauvris en oxygène.

La perturbation des cycles de l'azote et du phosphore ne se limite pas aux écosystèmes aquatiques. Sur terre, l'excès de nutriments altère les sols, modifiant la composition des plantes et des micro-organismes, et réduisant la diversité des espèces. Ces déséquilibres ont des conséquences directes sur les services écosystémiques essentiels, tels que la fertilité des sols, la pollinisation et la régulation des populations de ravageurs. De plus, l'excès d'azote dans l'atmosphère contribue également à la formation de gaz à effet de serre, comme le protoxyde d'azote (N_2O), qui est environ 300 fois plus puissant que le dioxyde de carbone (CO_2) en termes de potentiel de réchauffement global.

5.2 - Changement d'usage des sols

L'artificialisation des sols, liée à l'expansion urbaine, l'agriculture intensive et le développement des infrastructures, réduit considérablement la capacité des écosystèmes à absorber le carbone et à réguler le climat. En France, cette artificialisation a détruit 10 % des surfaces agricoles au cours des cinquante dernières années, compromettant la résilience écologique et contribuant à l'érosion de la biodiversité. La conversion des terres agricoles et des espaces naturels en zones urbaines ou en monocultures intensives entraîne une perte irréversible des habitats pour de nombreuses espèces, réduisant la diversité génétique et perturbant les équilibres écologiques.

L'agriculture intensive, caractérisée par une utilisation massive de pesticides, d'engrais et de mécanisation, dégrade les sols et réduit leur capacité à stocker le carbone. La monoculture, en particulier, épuise les sols de leurs nutriments et les rend plus vulnérables à l'érosion. En outre, l'artificialisation des sols augmente le ruissellement des eaux de pluie, ce qui favorise les inondations et réduit la recharge des nappes phréatiques. Ces changements compromettent la résilience des écosystèmes face aux aléas climatiques, rendant les systèmes agricoles et les communautés humaines plus vulnérables aux sécheresses, aux inondations et aux tempêtes.

La destruction des zones humides est un autre aspect critique du changement d'usage des sols. Les zones humides, qui jouent un rôle essentiel dans la régulation du cycle de l'eau, la filtration des polluants et le stockage du carbone, sont parmi les écosystèmes les plus touchés par l'artificialisation. Leur disparition entraîne une perte de biodiversité significative et diminue la capacité des territoires à résister aux effets du changement climatique. La préservation et la restauration des zones humides, ainsi que des pratiques agricoles plus durables, sont essentielles pour atténuer les impacts négatifs du changement d'usage des sols et renforcer la résilience écologique.

Pour faire face à ces défis, il est crucial de repenser nos pratiques agricoles, de limiter l'expansion urbaine non contrôlée et de protéger les espaces naturels encore existants. Des initiatives telles que l'agroécologie, la reforestation et la création de corridors écologiques peuvent aider à restaurer les écosystèmes dégradés et à favoriser la biodiversité, tout en contribuant à la lutte contre le changement climatique.

6 – Engagements internationaux et COP 30

6.1 – Bilan des précédentes COP

Les engagements pris lors des précédentes conférences des parties (COP) se sont souvent révélés insuffisants ou trop vagues, ne permettant pas de respecter les objectifs de l'Accord de Paris. Les promesses de neutralité carbone à long terme manquent de plans d'action concrets et immédiats. De nombreux pays ont annoncé des objectifs ambitieux pour atteindre la neutralité carbone d'ici 2050 ou 2060, mais peu ont présenté des trajectoires claires ou des politiques à court terme pour amorcer la réduction des émissions de gaz à effet de serre. Les lacunes en matière de suivi, de transparence et de responsabilisation des États ont contribué à ces résultats limités, laissant les ambitions climatiques à la traîne par rapport à l'urgence climatique.

Parmi les principaux obstacles rencontrés, on trouve le manque de financement pour les pays en développement, qui sont souvent les plus touchés par les conséquences du changement climatique et les moins à même de financer des mesures d'adaptation. Les promesses de mobiliser 100 milliards de dollars par an pour soutenir ces pays n'ont jamais été pleinement tenues, ce qui a ébranlé la confiance dans les processus internationaux et retardé la mise en œuvre de projets cruciaux pour la résilience climatique. De plus, les divergences entre les grandes économies émergentes et les pays industrialisés sur la répartition des responsabilités et des efforts ont freiné l'adoption de mesures communes ambitieuses.

6.2 – Attentes pour la COP 30

La COP 30, qui se tiendra à Rio de Janeiro, représente une opportunité cruciale pour renforcer les engagements climatiques et mettre en place des actions concrètes. Les négociations devront aborder des questions clés telles que le financement climatique, l'adaptation, et la justice climatique, en tenant compte des leçons tirées des échecs passés. Les attentes sont élevées, notamment en ce qui concerne l'élaboration de plans d'action à court terme permettant de réduire les émissions d'ici 2030, une étape cruciale pour maintenir l'objectif de limiter le réchauffement à 1,5 °C.

Le financement climatique sera l'un des sujets les plus sensibles, avec la nécessité de mobiliser des ressources substantielles pour soutenir les pays en développement dans leurs efforts d'atténuation et d'adaptation. Les pays vulnérables, qui subissent déjà les effets des événements climatiques extrêmes, attendent des engagements fermes sur la création d'un mécanisme de compensation des pertes et préjudices. Le thème de la justice climatique, qui consiste à reconnaître les responsabilités différenciées des pays et à veiller à ce que les plus pauvres ne soient pas laissés pour compte, sera au cœur des discussions.

Les attentes pour la COP 30 incluent également l'adoption de mesures concrètes pour favoriser la transition énergétique vers des sources renouvelables, accélérer la sortie des énergies fossiles, et encourager l'économie circulaire. Les grandes économies devront présenter des feuilles de route claires pour éliminer progressivement le charbon, réduire les subventions aux combustibles fossiles, et augmenter significativement la part des énergies renouvelables dans leur mix énergétique. La collaboration internationale en matière de technologie et de transfert de connaissances sera également essentielle pour aider les pays en développement à accéder aux technologies propres.

Face à ces défis environnementaux majeurs, il est impératif d'adopter des stratégies ambitieuses et coordonnées pour préserver la planète et assurer un avenir durable pour les générations futures. La COP 30 devra être marquée par des engagements concrets et mesurables, avec des mécanismes de suivi stricts pour s'assurer que les promesses sont tenues. Le temps presse, et les décisions qui seront prises lors de cette conférence pourraient déterminer l'avenir climatique de la planète.

Chapitre 3 : Énergie

En 2025, la France et le monde sont confrontés à une crise énergétique sans précédent, exacerbée par des tensions géopolitiques, des pénuries de ressources stratégiques et une transition énergétique complexe. Cette situation met en péril la sécurité énergétique, économique et sociale, nécessitant une analyse approfondie des défis actuels et des perspectives d'avenir.

1 - Dépendance aux énergies fossiles et vulnérabilités associées

1.1 - Consommation mondiale d'énergie

La consommation mondiale d'énergie primaire a atteint un niveau record, avec une augmentation de 2 % par rapport à l'année précédente, totalisant 620 exajoules (EJ). Les énergies fossiles continuent de dominer largement le bouquet énergétique mondial, représentant 80 % de la consommation en 2021, malgré les appels à une transition vers des énergies plus propres. Cette forte dépendance aux combustibles fossiles, tels que le pétrole, le gaz naturel et le charbon, rend les économies mondiales particulièrement vulnérables aux fluctuations des prix et aux tensions géopolitiques, tout en exacerbant les problèmes liés au changement climatique.

L'utilisation élevée des combustibles fossiles entraîne une augmentation significative des émissions de gaz à effet de serre, responsables du réchauffement climatique. Les engagements pris dans le cadre de l'Accord de Paris pour limiter le réchauffement mondial à 1,5 °C sont de plus en plus difficiles à respecter en raison de la lenteur de la transition énergétique. De plus, les infrastructures liées aux énergies fossiles, telles que les raffineries, les pipelines et les centrales à charbon, sont souvent coûteuses à maintenir et à décarboner, ce qui freine les efforts vers une économie bas carbone.

1.2 – Impact des tensions géopolitiques

Les tensions géopolitiques ont un impact considérable sur la stabilité des approvisionnements en énergie, comme en témoigne l'invasion de l'Ukraine par la Russie en 2022. Ce conflit a perturbé les approvisionnements en gaz et en pétrole, entraînant une hausse spectaculaire des prix de l'énergie et une instabilité accrue des marchés. L'Europe, fortement dépendante du gaz russe, a été contrainte de réduire drastiquement ses importations, ce qui a conduit à une diversification des sources d'approvisionnement, mais également à une augmentation des coûts énergétiques pour les consommateurs et les industries.

Face à cette crise, les pays européens ont été poussés à accélérer leur transition vers des énergies renouvelables, telles que l'énergie éolienne, solaire et l'hydroélectricité, pour réduire leur dépendance aux combustibles fossiles importés. Toutefois, cette diversification a ses propres limites, car le développement des infrastructures pour les énergies renouvelables nécessite du temps, des investissements importants, et une planification rigoureuse. Les énergies renouvelables, bien qu'essentielles, ne peuvent pas encore compenser à court terme la perte des approvisionnements en gaz naturel, ce qui entraîne des difficultés économiques et des tensions sociales accrues.

En outre, la compétition pour l'accès aux ressources énergétiques a renforcé les alliances énergétiques mondiales, modifiant les équilibres géopolitiques. Des pays comme la Chine et l'Inde, grands consommateurs d'énergie, ont augmenté leurs achats de pétrole et de gaz russes à des prix réduits, ce qui a contribué à redessiner les cartes de la diplomatie énergétique mondiale. Pendant ce temps, les États-Unis ont augmenté leurs exportations de gaz naturel liquéfié (GNL) vers l'Europe pour combler le vide laissé par le gaz russe, renforçant leur influence sur le continent.

La crise énergétique a également mis en lumière la nécessité de renforcer la sécurité énergétique par des mesures telles que l'efficacité énergétique, le stockage de l'énergie, et la création de réserves stratégiques. Les gouvernements et les entreprises investissent davantage dans les technologies de stockage d'énergie, comme les batteries et l'hydrogène vert, pour pallier l'intermittence des énergies renouvelables et renforcer la résilience des systèmes énergétiques. Cependant, ces efforts doivent être accélérés et soutenus par des politiques publiques ambitieuses pour réduire la dépendance aux combustibles fossiles et atténuer les risques liés aux tensions géopolitiques.

La dépendance aux énergies fossiles expose les

économies mondiales à des vulnérabilités multiples, allant des fluctuations des prix aux crises géopolitiques, tout en retardant la transition vers un système énergétique durable. La nécessité de diversifier le bouquet énergétique et d'accélérer l'adoption des énergies renouvelables est plus urgente que jamais pour garantir la sécurité énergétique, protéger l'économie mondiale des chocs externes, et contribuer efficacement à la lutte contre le changement climatique.

2 - Transition énergétique et défis

2.1 - Énergies renouvelables et technologies propres

La transition vers les énergies renouvelables progresse, mais à un rythme insuffisant pour compenser la demande croissante en énergie. Les investissements dans les technologies propres, telles que le solaire photovoltaïque, l'énergie éolienne, et les batteries, connaissent une expansion rapide, avec des progrès significatifs en matière d'efficacité et de coûts. En 2022, les capacités installées en énergie solaire ont augmenté de 25 %, tandis que l'énergie éolienne a connu une croissance similaire, en particulier en Europe et en Asie. Les innovations dans le stockage de l'énergie, telles que les batteries lithium-ion et les technologies à base d'hydrogène, sont également en plein essor, permettant une meilleure intégration des énergies renouvelables intermittentes dans les réseaux électriques.

Cependant, des surcapacités pourraient entraîner une pression à la baisse sur les prix et une concurrence accrue entre les fournisseurs, notamment en Chine, qui domine le marché mondial des panneaux solaires et des batteries. Cette pression sur les prix pourrait être un avantage pour les consommateurs, mais elle pose des risques pour la rentabilité des entreprises du secteur et la continuité des investissements. De plus, le développement des énergies renouvelables s'accompagne de défis environnementaux, tels que la gestion des déchets liés aux panneaux solaires en fin de vie et aux batteries, ainsi que l'impact de l'exploitation des ressources nécessaires à leur fabrication, comme le lithium et le cobalt.

2.2 – Obstacles à la transition

La transition énergétique est freinée par des défis majeurs, notamment le coût élevé des technologies, les infrastructures inadéquates, et les résistances politiques et sociales. Bien que les coûts de production de l'énergie solaire et éolienne aient fortement diminué ces dernières années, les investissements initiaux restent importants, en particulier pour les pays en développement. Les infrastructures actuelles, conçues pour les énergies fossiles, ne sont pas toujours adaptées à l'intégration des sources d'énergie renouvelable, nécessitant des mises à niveau et des dépenses significatives pour moderniser les réseaux électriques et améliorer le stockage de l'énergie.

La résistance politique et sociale est également un obstacle à la transition. Certains pays riches en combustibles fossiles hésitent à abandonner une économie fondée sur le pétrole ou le charbon, en raison des revenus qu'ils en tirent et de l'influence politique de ces industries. Par ailleurs, la transition vers les énergies propres implique des changements sociétaux qui peuvent provoquer des tensions, comme la fermeture de mines de charbon ou la transformation des industries lourdes, ce qui peut entraîner des pertes d'emplois et des inégalités régionales.

De plus, la baisse des prix des combustibles fossiles, due à la surabondance de l'offre et à la baisse de la demande pendant certaines périodes, rend la transition vers les énergies propres plus complexe. Les énergies fossiles deviennent parfois plus compétitives en termes de coûts à court terme, dissuadant les investissements dans les renouvelables et rendant difficile la mise en place de politiques de décarbonation. Pour surmonter ces obstacles, des politiques publiques fortes sont nécessaires pour orienter les choix des consommateurs et des investisseurs. Cela inclut la mise en place de subventions pour les énergies renouvelables, des taxes sur le carbone, des incitations pour l'efficacité énergétique, ainsi que des investissements dans la formation des travailleurs pour faciliter la transition vers une économie verte.

Le rôle des gouvernements est essentiel pour créer un environnement réglementaire stable et prévisible, qui encouragera les investissements à long terme dans les énergies renouvelables et les technologies propres. La coopération internationale est également cruciale pour partager les connaissances, les technologies, et les ressources financières, en particulier avec les pays en développement qui font face à des défis économiques et sociaux plus importants. En dépit des obstacles, la transition énergétique reste une nécessité impérieuse pour réduire les émissions de gaz à effet de serre et lutter contre le changement climatique, tout en créant de nouvelles opportunités économiques et sociales pour un avenir plus durable.

3 – Pénuries de ressources stratégiques

3.1 – Métaux critiques pour la transition énergétique

La transition énergétique dépend de métaux critiques tels que le lithium, le nickel, le cobalt, ainsi que des terres rares nécessaires à la fabrication des batteries, des aimants pour les éoliennes, et d'autres technologies vertes. La demande pour ces ressources augmente de manière exponentielle avec le développement des véhicules électriques, des systèmes de stockage d'énergie, et des infrastructures de production d'énergies renouvelables. Toutefois, l'approvisionnement en ces métaux est limité par des facteurs géologiques, économiques, et environnementaux, entraînant des pénuries potentielles et une dépendance accrue envers les pays producteurs.

Le lithium, par exemple, est essentiel pour les

batteries des véhicules électriques et des dispositifs de stockage d'énergie. La majeure partie de la production mondiale est concentrée dans quelques pays, comme l'Australie, le Chili, et l'Argentine, ce qui expose les économies importatrices à des risques de concentration des approvisionnements. Le cobalt, principalement extrait en République démocratique du Congo, suscite des préoccupations non seulement en raison de la disponibilité limitée, mais aussi à cause des problèmes éthiques liés aux conditions de travail et aux violations des droits humains dans les mines artisanales. Le nickel, utilisé dans certaines batteries avancées, est également sous pression, avec une demande croissante qui pourrait excéder l'offre disponible.

L'Europe, par exemple, ne dispose pas de vastes ressources minières de lithium, de cobalt ou de terres rares, ce qui la rend fortement dépendante des importations pour ses besoins en métaux stratégiques. Cette dépendance constitue une vulnérabilité majeure pour l'atteinte des objectifs de transition énergétique du continent. Pour pallier ces défis, l'Union européenne tente de diversifier ses sources d'approvisionnement et de renforcer le recyclage des métaux critiques, mais ces efforts nécessitent du temps et des investissements considérables.

3.2 - Dépendance aux importations

La dépendance aux importations de ressources stratégiques expose les économies à des risques géopolitiques et économiques importants. Les tensions internationales peuvent perturber les chaînes d'approvisionnement, entraînant des pénuries et une volatilé des prix, ce qui affecte la compétitivité industrielle et la sécurité énergétique. Par exemple, les tensions entre la Chine et les États-Unis ont mis en évidence la fragilité des chaînes d'approvisionnement en terres rares, dont la Chine est le principal producteur mondial. Cette situation a poussé de nombreux pays à chercher des alternatives pour s'approvisionner ou à investir dans la recherche pour le développement de substituts aux métaux critiques.

La dépendance aux importations de ces métaux stratégiques rend également les économies vulnérables aux fluctuations des prix. Les pénuries temporaires, les restrictions à l'exportation imposées par certains pays, ou les variations de la demande peuvent entraîner des hausses soudaines des coûts, impactant directement les secteurs industriels, notamment celui de la fabrication de véhicules électriques et de technologies renouvelables. Cette volatilé des prix rend la planification industrielle difficile et peut ralentir l'adoption des technologies vertes, mettant en péril les objectifs de décarbonation.

Pour réduire cette dépendance, des stratégies sont mises en place, telles que l'augmentation du recyclage des métaux critiques et l'exploration de nouvelles sources d'approvisionnement. Le recyclage permet de réduire la pression sur l'exploitation minérale et de renforcer l'autonomie des économies vis-à-vis des ressources importées. De plus, des efforts sont en cours pour développer des technologies moins dépendantes des métaux critiques, comme les batteries à base de sodium, qui pourraient constituer une alternative aux batteries lithium-ion.

La coopération internationale est cruciale pour assurer une distribution plus équitable des ressources stratégiques et prévenir les conflits potentiels liés à leur accès. Les partenariats entre pays consommateurs et producteurs, basés sur une exploitation responsable et éthique, sont essentiels pour assurer la durabilité de l'approvisionnement en métaux critiques. En outre, la diversification des sources d'approvisionnement et le soutien aux recherches pour développer des substituts sont des éléments clés pour renforcer la sécurité énergétique et industrielle dans un contexte de transition énergétique globale.

4 – Sécurité énergétique et résilience

4.1 – Diversification des sources d'énergie

Pour renforcer la sécurité énergétique, il est essentiel de diversifier les sources d'approvisionnement en énergie. Cela inclut le développement des énergies renouvelables, l'amélioration de l'efficacité énergétique, et l'exploration de nouvelles technologies, telles que l'hydrogène vert et les réacteurs nucléaires de nouvelle génération. Les énergies renouvelables, comme l'éolien, le solaire et l'hydroélectricité, jouent un rôle clé dans cette diversification, en réduisant la dépendance aux combustibles fossiles et en atténuant les risques liés aux fluctuations des prix des énergies conventionnelles.

L'hydrogène vert, produit à partir d'énergies renouvelables, est considéré comme une solution prometteuse pour décarboner des secteurs difficiles à électrifier, tels que l'industrie lourde et le transport maritime. De même, les technologies de stockage de l'énergie, notamment les batteries de nouvelle génération et les systèmes de stockage thermique, sont indispensables pour assurer une fourniture d'électricité stable en période de forte demande ou lorsque les sources renouvelables sont intermittentes. Cependant, ces efforts nécessitent des investissements significatifs, une planification rigoureuse, et une coordination internationale accrue pour surmonter les obstacles technologiques et économiques.

En outre, la diversification des approvisionnements en gaz naturel, par l'augmentation des importations de gaz naturel liquéfié (GNL) ou par le développement de nouveaux gazoducs, est un élément essentiel pour réduire la dépendance à des fournisseurs monopolistiques. Cela permet de renforcer la résilience face aux perturbations géopolitiques, comme celles causées par le conflit en Ukraine, tout en favorisant une sécurité énergétique accrue.

4.2 - Politiques publiques et coopération internationale

Les gouvernements doivent mettre en place des politiques publiques ambitieuses pour soutenir la transition énergétique et assurer la sécurité des approvisionnements. Ces politiques doivent inclure des incitations fiscales pour encourager l'investissement dans les énergies renouvelables, des subventions pour l'innovation technologique, et la mise en place de normes strictes d'efficacité énergétique. Des plans nationaux de résilience énergétique devraient également être élaborés pour préparer les économies à faire face à des pénuries d'énergie ou à des interruptions d'approvisionnement.

La coopération internationale est également cruciale pour gérer les tensions géopolitiques et garantir un accès équitable aux ressources énergétiques et stratégiques. Les partenariats mondiaux, tels que ceux pour le développement de l'hydrogène vert ou pour l'exploration des énergies marines, peuvent permettre de mutualiser les ressources et les connaissances afin d'accélérer la transition énergétique. De plus, des mécanismes de solidarité énergétique, comme ceux développés au sein de l'Union européenne, visent à garantir l'approvisionnement des pays les plus vulnérables en cas de crise.

La diplomatie énergétique doit également jouer un rôle prépondérant pour éviter les conflits liés aux ressources et promouvoir une collaboration internationale autour des technologies propres. L'intégration des marchés énergétiques, l'harmonisation des réglementations, et le développement de nouvelles infrastructures transfrontalières sont autant de leviers qui peuvent renforcer la sécurité énergétique mondiale.

En conclusion, la crise énergétique de 2025 met en lumière la nécessité d'une transition énergétique accélérée et d'une gestion proactive des ressources stratégiques. La dépendance aux énergies fossiles et aux importations de métaux critiques expose les économies à des vulnérabilités majeures. Seule une approche intégrée, combinant diversification des sources d'énergie, innovation technologique, coopération internationale, et politiques publiques fortes, permettra de surmonter ces défis et d'assurer une sécurité énergétique durable pour les générations futures.

Chapitre 4 : Polarisation politique mondiale

En 2025, la démocratie mondiale est en péril, confrontée à une montée des régimes autoritaires, une érosion des institutions démocratiques et une désillusion croissante des citoyens. Ce chapitre examine en profondeur ces dynamiques inquiétantes, en s'appuyant sur des données récentes et des analyses contemporaines.

1 - Montée des régimes autoritaires

1.1 - Expansion des autocraties

Selon les données de 2023, 59 pays sont considérés comme des régimes dictatoriaux, répartis en autocraties dures et modérées. Cette expansion des autocraties reflète une tendance mondiale inquiétante vers la concentration du pouvoir, la suppression des libertés civiles, et la répression de l'opposition. Les autocraties dures se caractérisent par un contrôle total des institutions, l'éradication des contre-pouvoirs, et la répression violente de toute forme de dissidence, tandis que les autocraties modérées utilisent des stratégies plus subtiles pour limiter les libertés, comme la manipulation électorale, le contrôle des médias, et la restriction progressive des droits individuels.

Cette progression des autocraties est facilitée par un contexte mondial marqué par l'insécurité économique, les crises sanitaires et climatiques, ainsi que la diffusion de discours populistes qui exploitent les peurs et les divisions sociétales. Les populations, souvent désillusionnées par l'incapacité des démocraties à répondre efficacement à leurs besoins, se tournent parfois vers des leaders autoritaires promettant la stabilité et la sécurité. Parallèlement, la montée en puissance de la Chine et de la Russie, deux grandes puissances autoritaires, contribue à renforcer l'influence des modèles non démocratiques sur la scène internationale.

1.2 - Cas emblématiques

<u>Brésil :</u> En novembre 2024, la police fédérale a demandé l'inculpation de l'ex-président Jair Bolsonaro pour tentative de coup d'État en 2022, mettant en lumière les menaces pesant sur la démocratie brésilienne. Ce coup d'état

avorté a mis en évidence la fragilité des institutions brésiliennes face à la polarisation politique et aux attaques contre l'état de droit. Les partisans de Bolsonaro, évoquant des fraudes électorales sans fondement, ont tenté de saper la confiance dans le système électoral, à l'image des tentatives similaires observées aux États-Unis lors de l'insurrection du Capitole en 2021. Le Brésil illustre ainsi la tendance à l'érosion des normes démocratiques même dans des pays ayant une longue tradition d'élections pluralistes.

Hongrie : Le Premier ministre Viktor Orbán, au pouvoir depuis quatorze ans, est devenu un modèle pour les populistes européens et américains, illustrant la consolidation du pouvoir autoritaire en Europe. Orbán a progressivement transformé la Hongrie en un "État illibéral", selon ses propres termes, en affaiblissant les institutions démocratiques, en contrôlant les médias, et en modifiant la Constitution pour consolider son pouvoir. Son parti, le Fidesz, a réussi à redessiner les circonscriptions électorales et à neutraliser les contre-pouvoirs judiciaires, rendant difficile toute alternance politique. En Europe, la Hongrie est souvent critiquée pour ses atteintes à l'État de droit, mais les sanctions de l'Union européenne restent limitées, reflétant l'incapacité des démocraties à contrer efficacement la montée des autoritarismes.

<u>Russie et Chine :</u> La Russie, sous la direction de Vladimir Poutine, et la Chine, dirigée par Xi Jinping, sont deux exemples majeurs d'autocraties ayant une influence mondiale considérable. En Russie, les élections sont largement considérées comme truquées, et l'opposition est étouffée par des arrestations, des intimidations et des assassinats. La guerre en Ukraine, initiée par Poutine en 2022, a également servi à renforcer son pouvoir à l'intérieur du pays en mobilisant le nationalisme et en réprimant toute opposition à l'effort de guerre. En Chine, le parti communiste a accru son emprise sur la société grâce à des technologies de surveillance de pointe, un contrôle strict des médias et une politique de répression systématique des minorités, comme les Ouïghours. La Chine présente son modèle comme une alternative à la démocratie occidentale, promouvant la stabilité et la croissance économique au détriment des libertés individuelles.

Ces exemples illustrent une tendance mondiale vers la montée des régimes autoritaires, qui exploitent la faiblesse des institutions démocratiques, les peurs sociétales et les crises économiques pour consolider leur pouvoir. La montée des autocraties pose un défi existentiel aux démocraties, qui doivent trouver des moyens de résister à cette vague autoritaire tout en renouvelant leur contrat social pour répondre aux attentes de leurs citoyens.

2 – Crise des démocraties occidentales

2.1 – Déclin des indices démocratiques

En 2023, la moyenne mondiale de l'indice de démocratie est tombée à 5,23 sur 10, le niveau le plus bas depuis 2006. Cette baisse reflète l'affaiblissement des normes démocratiques, exacerbé par les guerres, les tensions politiques, la désinformation, et la montée des populismes. De nombreux pays autrefois considérés comme des démocraties stables ont vu leurs institutions ébranlées par des attaques contre la liberté de la presse, l'indépendance judiciaire, et le respect des droits de l'homme. Des élections controversées, des tentatives de manipulation des processus électoraux, et une érosion de la confiance dans les institutions publiques ont contribué à cette dégringolade des indices démocratiques.

La polarisation politique a également joué un rôle clé dans la dégradation des démocraties. Aux États-Unis, la polarisation entre les partis politiques a atteint un niveau qui paralyse souvent le fonctionnement des institutions, avec des conséquences directes sur la capacité à gouverner de manière efficace et inclusive. En Europe, la montée des partis extrémistes remet en question les valeurs démocratiques, exploitant le désarroi des citoyens face aux crises économiques, migratoires et environnementales. Les populistes s'attaquent aux médias indépendants, qualifiant souvent la presse d'« ennemie du peuple », contribuant ainsi à la méfiance généralisée envers les institutions.

2.2 – Désengagement citoyen

Les démocraties représentatives occidentales font face à une crise majeure, caractérisée par une baisse de la participation électorale depuis les années 1960 et une diminution du nombre d'adhérents aux partis politiques. Cette désaffection s'explique par le sentiment croissant d'impuissance des citoyens face aux décisions politiques, la perception que les élus sont déconnectés des réalités du quotidien, et la méfiance envers les élites. La corruption, le manque de transparence, et l'influence des intérêts privés sur les politiques publiques ont érodé la confiance des citoyens dans leurs gouvernements.

Ce désengagement alimente la polarisation du débat public et le renforcement des extrémismes. Les citoyens, déçus par les partis traditionnels, se tournent de plus en plus vers des mouvements populistes qui promettent de renverser l'ordre établi. Les réseaux sociaux, qui ont transformé la façon dont les informations sont diffusées et consommées, jouent également un rôle central dans cette polarisation. Les algorithmes favorisent le contenu sensationnaliste et polarisant, enfermant les utilisateurs dans des bulles informationnelles qui renforcent leurs préjugés et accentuent les divisions.

Le manque de participation citoyenne ne se limite pas aux élections. La désertion des associations et des syndicats, qui étaient autrefois des vecteurs essentiels de participation politique, affaiblit les contre-pouvoirs et contribue à l'affaiblissement du tissu démocratique. Par ailleurs, les jeunes, qui se sentent souvent ignorés par les politiques publiques, manifestent un désintérêt croissant pour les mécanismes institutionnels de participation, bien qu'ils s'impliquent davantage dans des mouvements sociaux ou environnementaux en dehors des canaux traditionnels.

Face à ces défis, les démocraties occidentales doivent réinventer leurs institutions et leur mode de gouvernance pour être plus inclusives et plus proches des citoyens. Des initiatives telles que les assemblées citoyennes, la démocratie participative, et l'éducation civique renforcée peuvent contribuer à restaurer la confiance et à revitaliser la participation politique. La transparence, l'intégrité, et la responsabilisation des gouvernants doivent être au cœur de ce renouveau démocratique pour faire face aux menaces qui pèsent sur les valeurs démocratiques et préserver les acquis de la liberté et de l'égalité.

3 – Influence des régimes autoritaires sur les démocraties

3.1 – Stratégies d'influence

Les régimes autoritaires, tels que la Chine et la

Russie, collaborent pour étendre leur pouvoir et saper les démocraties. Ils utilisent des stratégies variées pour affaiblir les institutions démocratiques, notamment la propagande, la manipulation des informations, et le soutien financier aux partis populistes ou aux mouvements anti-démocratiques. La Chine promeut des normes autocratiques par le biais de son "modèle de développement" qui prétend combiner croissance économique et contrôle politique strict, tout en utilisant des initiatives comme la Belt and Road Initiative pour étendre son influence économique et politique sur les pays partenaires.

La Russie, quant à elle, emploie des méthodes plus agressives, telles que la cyberdésobéissance, les campagnes de désinformation, et le financement de groupes politiques marginaux, pour diviser les sociétés occidentales et créer la confusion. Par exemple, des cyberattaques contre des institutions gouvernementales, des campagnes électorales et des infrastructures critiques ont permis de déstabiliser certains pays européens et de semer la méfiance vis-à-vis des processus électoraux. De plus, la Russie soutient activement des leaders autoritaires ou des mouvements populistes dans d'autres pays, contribuant ainsi à l'érosion des normes démocratiques.

Les plateformes numériques et les réseaux sociaux jouent un rôle essentiel dans la stratégie des régimes autoritaires, qui exploitent la rapidité de diffusion des fausses informations et la capacité de ces plateformes à cibler des populations spécifiques pour influencer l'opinion publique. En infiltrant les débats politiques et en alimentant les divisions sociales, la Chine et la Russie cherchent à affaiblir les sociétés démocratiques de l'intérieur et à remettre en question la légitimité des institutions publiques.

3.2 – Menaces internes

Les démocraties doivent également faire face à des crises internes et à des mutations qui bouleversent leurs fondements, rendant les institutions vulnérables aux influences autoritaires. La polarisation croissante des électorats, la montée des populismes et des mouvements anti-élites, ainsi que la défiance vis-à-vis des médias traditionnels affaiblissent les démocraties de l'intérieur. Cette division sociétale, exacerbée par des inégalités économiques croissantes et un manque de réponse aux problèmes quotidiens des citoyens, crée un terreau fertile pour les influences étrangères.

Les crises économiques répétées, la pandémie de COVID-19 et le changement climatique sont autant de facteurs qui ont mis à rude épreuve la capacité des démocraties à fournir des solutions efficaces. Ces crises ont entraîné un affaiblissement des gouvernements, déjà confrontés à une perte de confiance de la part des citoyens. Lorsque les institutions démocratiques semblent incapables de répondre aux besoins de leurs populations, elles deviennent plus vulnérables aux influences autoritaires qui prétendent offrir une stabilité et une sécurité accrues.

La désaffection citoyenne, symbolisée par la baisse de la participation électorale et la montée des mouvements anti-establishment, affaiblit la légitimité des institutions démocratiques. Cela crée un espace pour les régimes autoritaires de présenter leur modèle de gouvernance comme une alternative plus efficace et stable. L'infiltration économique par des investissements stratégiques, tels que les infrastructures critiques (ports, réseaux de télécommunications), est une autre façon pour des puissances comme la Chine d'accroître leur influence sur les démocraties, en créant des dépendances économiques et en pesant sur les décisions politiques.

Pour contrer ces menaces, les démocraties doivent renforcer leurs institutions, protéger la liberté de la presse, promouvoir l'éducation civique, et investir dans la résilience économique. La coopération internationale est également essentielle pour contrer les stratégies d'influence des régimes autoritaires, que ce soit par des mesures de cybersécurité, la lutte contre la désinformation, ou la réduction de la dépendance énergétique et économique vis-à-vis de ces pays. En renforçant la confiance des citoyens dans leurs institutions et en offrant des solutions concrètes aux problèmes sociétaux, les démocraties peuvent espérer contrer l'influence des régimes autoritaires et préserver leurs valeurs fondamentales.

4 – Perspectives pour l'avenir

Face à ces défis, il est crucial de renforcer les institutions démocratiques, de promouvoir l'engagement citoyen et de contrer l'influence des régimes autoritaires. Les démocraties doivent adopter une approche proactive en modernisant leurs institutions pour mieux répondre aux besoins des citoyens et en s'assurant que les droits fondamentaux sont protégés. Cela passe par le renforcement de l'état de droit, l'indépendance de la justice, et la liberté de la presse. Les élus doivent se rapprocher des populations, prendre en compte leurs aspirations et écouter leurs griefs afin de réduire le fossé entre les gouvernants et les gouvernés.

Il est également essentiel de promouvoir l'engagement citoyen à travers des initiatives démocratiques participatives, telles que les assemblées citoyennes, qui permettent aux individus de s'impliquer directement dans les processus de prise de décision. L'éducation civique doit être renforcée pour que les citoyens comprennent l'importance des institutions démocratiques et puissent développer un esprit critique face aux tentatives de manipulation. En outre, l'utilisation des technologies numériques peut être mise au service de la démocratie pour favoriser la participation et la transparence, à condition que des mesures soient prises pour limiter la désinformation et protéger les données personnelles.

Pour contrecarrer l'influence des régimes autoritaires, les démocraties doivent renforcer leurs alliances et présenter un front uni contre les menaces extérieures. La coopération internationale est cruciale pour développer des stratégies communes de cybersécurité, de régulation des flux d'informations et de réduction des dépendances énergétiques et économiques envers les pays autoritaires. Les démocraties doivent également être exemplaires en matière de droits de l'homme et de transparence, afin de préserver leur crédibilité sur la scène internationale et d'éviter d'être accusées d'hypocrisie.

En conclusion, la démocratie mondiale est à un tournant critique. La montée des régimes autoritaires et la crise des démocraties occidentales exigent une vigilance accrue et des actions concertées pour préserver les acquis démocratiques et assurer un avenir fondé sur les principes de liberté, d'égalité, et de fraternité. Cela passe par une détermination collective à défendre les valeurs démocratiques, à s'adapter aux mutations du monde moderne, et à promouvoir un modèle de société juste, inclusif et résilient. Seule une approche intégrée, impliquant tous les acteurs de la société, permettra de répondre aux défis actuels et de garantir la pérennité de la démocratie face aux pressions internes et externes.

Partie 2
Les fractures internes

Chapitre 5 : Économie

L'économie mondiale, et en particulier celle de la France, affronte en 2025 une conjoncture marquée par des tensions multiples : inflation persistante, volatilité des marchés financiers, pression sur l'immobilier, fragilité du marché de l'emploi et explosion de la dette publique. Ces défis combinés exacerbent les inégalités et mettent en péril la stabilité sociale.

1 – Inflation et pouvoir d'achat : un fardeau pour les ménages

1.1 – Inflation persistante

En 2025, l'inflation continue de peser sur les économies mondiales. En France, bien que l'inflation annuelle ait légèrement diminué en 2024 pour s'établir à 1,2 %, les secteurs essentiels comme l'énergie, l'alimentation et les transports restent sous pression. Les prix des produits alimentaires ont augmenté de 4 % en moyenne, touchant particulièrement les ménages les plus modestes. Les coûts de l'énergie, bien que stabilisés, restent élevés par rapport aux niveaux d'avant la crise, impactant le budget des foyers pour le chauffage et les déplacements.

1.2 – Impact sur les ménages

La baisse du pouvoir d'achat se ressent particulièrement sur les classes populaires et moyennes. Selon une étude de l'Insee, près de 60 % des foyers français déclarent avoir réduit leurs dépenses en loisirs ou en biens non essentiels pour faire face à l'augmentation des coûts fixes (loyer, énergie, alimentation). Cette compression des dépenses affecte la qualité de vie des ménages, qui doivent faire des choix difficiles pour joindre les deux bouts. La situation est particulièrement précaire pour les familles monoparentales et les retraités aux revenus modestes, qui peinent à couvrir leurs dépenses courantes.

La précarisation des ménages alimente un mécontentement social croissant, reflété par des mouvements de grève récurrents et des manifestations contre la vie chère. Les syndicats et les associations de consommateurs demandent des mesures concrètes pour réduire la pression sur le pouvoir d'achat, notamment des aides ciblées pour les foyers les plus vulnérables, des plafonnements des prix de l'énergie, et une réforme des aides au logement. De plus, l'inflation alimentaire, qui touche des produits de première nécessité tels que les fruits, les légumes et les produits laitiers, pousse de nombreux ménages à se tourner vers des produits moins chers mais souvent de moindre qualité nutritionnelle, ce qui pourrait avoir des conséquences sur la santé publique à long terme.

Les entreprises, en particulier dans les secteurs de la distribution et des services, ressentent également les effets de la baisse du pouvoir d'achat. La diminution des dépenses des consommateurs se traduit par une baisse des ventes, obligeant certaines entreprises à réduire leur activité ou à adapter leurs offres pour proposer des produits moins chers. Cette situation contribue à un climat économique incertain, marqué par une croissance faible et des perspectives d'investissement limitées.

En somme, l'inflation persistante et la baisse du pouvoir d'achat constituent des enjeux majeurs pour l'économie française. Les ménages, en particulier les plus vulnérables, doivent faire face à des coûts de la vie en hausse, tandis que les entreprises doivent s'adapter à une demande en berne. Des mesures de soutien ciblées et des réformes structurelles sont indispensables pour atténuer les effets de cette crise et restaurer la confiance des consommateurs.

2 - Marchés financiers : une instabilité chronique

2.1 - Volatilité accrue

Les marchés financiers européens et mondiaux traversent une phase de grande incertitude, marquée par des fluctuations importantes des prix des actifs et une aversion au risque croissante. En France, les tensions politiques internes, notamment les conflits autour du budget national et les différends sur les réformes économiques, ont provoqué une hausse des taux d'intérêt souverains. L'écart entre les taux français et allemands (spread) s'est creusé, reflétant une méfiance accrue des investisseurs internationaux quant à la capacité de la France à stabiliser sa situation budgétaire. Cette méfiance se traduit également par des sorties de capitaux vers des actifs jugés plus sûrs, comme les obligations allemandes ou américaines.

Les incertitudes géopolitiques, telles que la guerre en Ukraine, ajoutent à cette instabilité. Les investisseurs sont confrontés à des risques multiples, notamment la hausse des prix de l'énergie, les perturbations des chaînes d'approvisionnement, et les tensions commerciales entre grandes puissances économiques. Cette situation conduit à une augmentation de la volatilé sur les marchés boursiers, avec des mouvements brusques et imprévisibles des indices, ce qui rend la prise de décision d'investissement particulièrement complexe.

2.2 - Cryptomonnaies

Les actifs numériques, autrefois perçus comme une solution alternative aux systèmes financiers traditionnels, connaissent un déclin marqué. En 2024, les principales cryptomonnaies, telles que le Bitcoin et l'Ethereum, ont perdu près de 40 % de leur valeur, victimes d'une régulation accrue et d'un effondrement de la confiance des investisseurs. La régulation plus stricte, mise en place par des gouvernements cherchant à contrôler les flux financiers et à prévenir les utilisations illicites, a entraîné un retrait massif des investisseurs institutionnels. Aux États-Unis, la Securities and

Exchange Commission (SEC) a intensifié ses actions contre certaines plateformes d'échange, augmentant l'incertitude et rendant le marché des cryptomonnaies encore plus volatil.

Cette chute des cryptomonnaies a des retombées économiques importantes, affectant les épargnants individuels ainsi que les entreprises ayant investi massivement dans ces technologies émergentes. Les start-ups de la blockchain et les projets liés aux actifs numériques voient leurs financements se tarir, et plusieurs entreprises ont été contraintes de réduire leurs effectifs ou même de mettre la clé sous la porte. La baisse de la valeur des cryptomonnaies a également eu un impact sur la consommation des ménages, certains investisseurs ayant perdu une part significative de leur patrimoine.

Le secteur des cryptomonnaies fait également face à des problèmes de sécurité, avec une augmentation des cyberattaques et des fraudes. Les vols de fonds sur des plateformes d'échange et les piratages de portefeuilles numériques ont contribué à alimenter la perte de confiance dans ces actifs. Les promesses de décentralisation et de transparence, qui étaient au cœur de la révolution des cryptomonnaies, sont aujourd'hui remises en question par ces échecs à garantir la sécurité des investisseurs.

2.3 - Impact sur la confiance des investisseurs

Cette instabilité chronique sur les marchés financiers et la chute des cryptomonnaies ont un impact négatif sur la confiance des investisseurs. Les stratégies d'investissement se tournent de plus en plus vers des valeurs refuges, telles que l'or ou les obligations d'État, alors que les investisseurs cherchent à protéger leur capital dans un contexte de risques élevés. La prudence prévaut, et les prises de risque diminuent, ce qui ralentit les investissements dans les secteurs innovants et freine la croissance économique.

Les banques centrales, quant à elles, doivent naviguer dans un environnement complexe, entre la nécessité de contenir l'inflation et celle de soutenir l'activité économique. La politique monétaire reste un outil clé, mais elle ne suffit pas à dissiper les incertitudes liées aux tensions géopolitiques et aux défis structurels de l'économie mondiale. Des réformes structurelles et une meilleure coordination internationale seront indispensables pour réduire l'instabilité des marchés financiers et restaurer la confiance des acteurs économiques.

Les marchés financiers continuent donc de subir les conséquences d'une instabilité chronique alimentée par des incertitudes politiques, économiques et technologiques. Les investisseurs, désorientés par la volatilité, adoptent une approche plus prudente, et les secteurs émergents comme les cryptomonnaies peinent à maintenir la confiance nécessaire à leur développement. Une action concertée des gouvernements et des régulateurs est essentielle pour stabiliser les marchés et créer un environnement favorable aux investissements à long terme.

3 – L'immobilier sous tension : crise d'accessibilité

3.1 – Explosion des coûts

Le marché immobilier français reste tendu, marqué par des prix élevés qui rendent l'accession à la propriété de plus en plus difficile pour une grande partie de la population. Le coût moyen au mètre carré dans les grandes villes, bien que légèrement en baisse en raison d'un ralentissement de la demande, reste inaccessible pour de nombreux ménages. À Paris, il atteint toujours plus de 10 000 euros/m², tandis que les loyers augmentent dans les zones périphériques, poussant de plus en plus de personnes à s'éloigner des centres urbains. Cette hausse des coûts est alimentée par une offre limitée et une forte demande, exacerbée par des investissements immobiliers étrangers qui continuent d'affluer vers les grandes métropoles françaises.

La hausse des taux d'intérêt à plus de 4 % rend le crédit difficilement accessible pour les primo-accédants, qui sont de plus en plus nombreux à reporter leurs projets d'achat ou à se tourner vers des biens moins chers, souvent situés en dehors des zones attractives. Cette augmentation du coût des emprunts, couplée à l'inflation qui pèse sur le pouvoir d'achat, constitue un frein majeur à l'accession à la propriété et contribue à accroître les inégalités d'accès au logement.

3.2 – Pénurie de biens locatifs

Le manque de logements disponibles, combiné à une spéculation persistante et à des normes toujours plus contraignantes en matière de construction et de rénovation énergétique, exacerbe la crise du logement. Le nombre de permis de construire a diminué ces dernlères années, en partie à cause de la complexité administrative et des coûts liés aux nouvelles réglementations environnementales, qui dissuadent les promoteurs de lancer de nouveaux projets. Cette situation a entraîné une offre locative insuffisante face à la demande croissante, en particulier dans les grandes villes où les opportunités d'emploi et les services sont concentrés.

Les investisseurs institutionnels concentrent une part croissante du parc locatif, ce qui a pour effet d'alimenter la flambée des loyers. Ces investisseurs, souvent moins enclins à proposer des logements à des tarifs accessibles, préfèrent optimiser leur rendement, au détriment des locataires modestes. Par ailleurs, la conversion de logements en locations de courte durée, via des plateformes comme Airbnb, aggrave la pénurie de biens disponibles pour les résidences principales, notamment dans les zones touristiques. Les municipalités tentent de réguler ce phénomène, mais les mesures prises restent souvent insuffisantes pour enrayer cette tendance.

Cette dynamique, couplée à une démographie

en déclin, accentue les fractures entre propriétaires et locataires. Les jeunes ménages, qui peinent à trouver un logement à un prix raisonnable, sont les premiers touchés par cette crise d'accessibilité. Le taux de propriété diminue progressivement, tandis que le nombre de personnes en situation de précarité énergétique augmente, en raison de logements mal isolés et de loyers trop élevés par rapport aux revenus disponibles.

3.3 – Conséquences économiques et sociales

La crise de l'accessibilité immobilière a des conséquences économiques et sociales profondes. Les ménages sont contraints de consacrer une part toujours plus importante de leurs revenus au logement, au détriment d'autres postes de dépenses, ce qui pèse sur la consommation et freine la croissance économique. Les entreprises, notamment dans les grandes agglomérations, peinent à attirer des talents en raison du coût élevé du logement, qui dissuade de nombreux travailleurs de s'installer à proximité de leur lieu de travail.

La crise du logement contribue également à l'émergence de tensions sociales, avec une augmentation des revendications pour un logement plus accessible et des manifestations régulières pour demander des réformes. Les associations de locataires et les syndicats appellent à une meilleure régulation du marché immobilier, à la construction de logements sociaux et à la mise en place de mesures fiscales incitatives pour encourager les investissements dans l'habitat abordable. Sans intervention publique forte, la crise de l'accessibilité immobilière risque de s'aggraver, augmentant les inégalités et affaiblissant la cohésion sociale.

4 - Marché de l'emploi : entre précarité et opportunités

4.1 - Secteurs en tension

Certains secteurs, tels que la santé, la tech et le bâtiment, peinent à recruter, malgré une demande croissante. La France fait face à un paradoxe : un chômage structurel autour de 7 %, mais des centaines de milliers de postes vacants, faute de compétences adaptées. Dans le secteur de la santé, la pénurie de personnel infirmier et de médecins dans certaines régions, notamment rurales, met en péril l'accès aux soins. Le secteur du bâtiment souffre, lui, d'un manque de main-d'œuvre qualifiée, ce qui ralentit les chantiers de construction et les projets de rénovation énergétique pourtant cruciaux pour la transition écologique.

Dans le domaine de la tech, le besoin de compétences en programmation, en cybersécurité et en intelligence artificielle est en constante augmentation. Les entreprises peinent à trouver des candidats qualifiés, ce qui freine leur croissance et limite leur capacité à innover. Le déficit de compétences s'explique par un retard dans la formation, tant initiale que continue, et par une inadéquation entre les programmes éducatifs et les besoins du marché. Pour combler ces lacunes, des initiatives sont lancées pour former des demandeurs d'emploi aux métiers du numérique, mais ces efforts restent insuffisants face à l'ampleur de la demande.

4.2 - IA et Automatisation

L'intelligence artificielle (IA) et l'automatisation continuent de transformer les métiers traditionnels et redéfinissent la nature du travail. Les secteurs comme la logistique, la grande distribution, et l'industrie manufacturière voient leurs effectifs réduits au profit de solutions robotisées qui promettent une plus grande efficacité et une réduction des coûts. Les entrepôts automatisés, les caisses automatiques dans les supermarchés, et les lignes de production robotisées illustrent cette mutation, qui, bien que bénéfique en termes de productivité, laisse sur le carreau une main-d'œuvre peu ou mal formée.

Cette transformation crée également de nouvelles opportunités dans les technologies avancées, comme la programmation d'algorithmes, la maintenance de robots, et le développement de systèmes d'IA. Ces emplois requièrent toutefois des compétences spécifiques que tous les travailleurs ne possèdent pas, accentuant la fracture entre ceux qui bénéficient de la transition technologique et ceux qui en subissent les conséquences. Pour les personnes peu qualifiées, la reconversion est souvent complexe et nécessite des dispositifs de formation adaptés, qui sont encore insuffisants et peu accessibles.

Les jeunes, en particulier, subissent un taux de chômage de 19 %, une situation qui alimente un profond désenchantement et un sentiment de marginalisation. Le marché du travail exige des compétences toujours plus pointues, alors que de nombreux jeunes sortent du système éducatif sans qualification ou avec un diplôme qui ne correspond pas aux attentes des employeurs. Les emplois précaires, souvent proposés aux jeunes, ne permettent pas de construire une stabilité économique et sociale, ce qui les pousse à s'orienter vers des carrières moins valorisées ou à quitter le marché du travail.

Pour faire face à ces défis, il est nécessaire de repenser les politiques de formation professionnelle et d'éducation. L'accent doit être mis sur l'acquisition de compétences adaptées aux besoins des entreprises, avec un effort particulier sur les secteurs en tension et les technologies émergentes. Le dialogue entre l'État, les entreprises et les établissements d'enseignement est essentiel pour mieux adapter l'offre de formation aux évolutions du marché. Des dispositifs comme l'apprentissage et la formation en alternance peuvent être renforcés pour offrir aux jeunes des expériences concrètes et des compétences directement opérationnelles.

Le marché de l'emploi en France est caractérisé

par une dualité entre précarité et opportunités. Les secteurs en tension offrent des postes non pourvus, tandis que l'IA et l'automatisation redessinent le paysage professionnel, créant à la fois des possibilités de carrière et des risques de marginalisation pour ceux qui ne peuvent s'adapter. Une action concertée sur la formation, la reconversion et l'accompagnement des jeunes est indispensable pour répondre aux enjeux du marché de l'emploi et préparer l'avenir du travail.

5 – Dette publique : un poids écrasant

5.1 – Niveau record de la dette

La dette publique française atteint 113 % du PIB en 2024, une situation très préoccupante bien que les agences de notation n'aient pas encore dégradé la note du pays. Ce niveau de dette record limite fortement les marges de manœuvre budgétaires du gouvernement, qui peine à répondre aux demandes sociales croissantes tout en respectant les contraintes imposées par les traités européens. Les dépenses publiques, qui incluent des engagements sociaux importants, sont sous pression, alors que la population demande davantage de soutien face à l'inflation et à la baisse du pouvoir d'achat.

Le poids de la dette restreint également la capacité de la France à investir dans les secteurs stratégiques tels que la transition écologique, la recherche et l'innovation. Cette situation crée un cercle vicieux, où le manque d'investissements dans l'avenir réduit le potentiel de croissance économique, limitant ainsi les recettes fiscales et augmentant la dépendance vis-à-vis de l'emprunt pour financer les dépenses courantes.

5.2 - Coût du financement

Avec la remontée des taux d'intérêt, le service de la dette représente une part croissante du budget national. En 2024, la France a dépensé près de 50 milliards d'euros pour honorer ses obligations, soit l'équivalent de son budget annuel pour l'éducation nationale. Cette charge budgétaire limite la capacité du gouvernement à financer d'autres priorités essentielles, telles que la santé, l'éducation et les infrastructures. Les arbitrages budgétaires deviennent de plus en plus douloureux, avec des choix difficiles entre la gestion immédiate des crises, comme le soutien aux ménages face à l'inflation, et les investissements d'avenir, indispensables pour maintenir la compétitivité économique du pays.

La hausse des taux d'intérêt, décidée par la Banque centrale européenne pour lutter contre l'inflation, augmente considérablement le coût de refinancement de la dette publique. Cela conduit le Trésor français à réévaluer ses stratégies d'emprunt, cherchant à échelonner les échéances tout en maintenant une certaine flexibilité. Toutefois, cette stratégie ne permet pas de résoudre le problème de fond : une dette trop élevée qui laisse peu de latitude en cas de nouvelle crise économique ou sanitaire.

Le coût du financement de la dette a des conséquences directes sur les finances publiques et sur la capacité de la France à réaliser des investissements stratégiques. L'augmentation des dépenses de remboursement de la dette s'accompagne d'une réduction des budgets alloués à des projets de développement économique, ce qui pèse sur la croissance à moyen et long terme. Les experts financiers alertent également sur le risque de perte de confiance des marchés, ce qui pourrait se traduire par une augmentation supplémentaire des taux d'intérêt et un coût de financement encore plus élevé pour l'État.

Conséquences économiques et sociales
La dette publique élevée a des conséquences économiques et sociales majeures. Le manque de marges de manœuvre budgétaires rend difficile la mise en œuvre de politiques publiques ambitieuses pour soutenir l'économie et répondre aux attentes des citoyens. Les inégalités se creusent, avec un manque de moyens pour financer des politiques de redistribution équitable et des investissements dans les services publics, tels que la santé et l'éducation. La pression fiscale, déjà élevée, risque d'être accrue pour compenser les déficits, au détriment du pouvoir d'achat des ménages et de la compétitivité des entreprises.

La dette publique pose également un défi de souveraineté. Une partie importante de la dette est détenue par des investisseurs étrangers, ce qui expose la France à des fluctuations des marchés internationaux et limite sa capacité à mener une politique budgétaire pleinement indépendante. Face à cette situation, le gouvernement français doit envisager des réformes structurelles pour réduire progressivement la dette, tout en maintenant un équilibre entre rigueur budgétaire et soutien à la croissance économique.

En conclusion, la dette publique française représente un véritable poids écrasant qui restreint les possibilités d'action du gouvernement et pèse sur les perspectives de croissance du pays. Une gestion rigoureuse et des réformes ambitieuses sont indispensables pour retrouver des marges de manœuvre budgétaires et assurer la stabilité économique et sociale à long terme. Des éléments qui semblent hautement improbables tant le pays demeure ingouvernable en l'absence de majorité.

6 – Vers un krach ou une reprise ?

6.1 – Signaux d'alerte

La combinaison d'une dette publique élevée, d'un marché immobilier sous pression et d'une volatilé financière accrue pourrait engendrer un krach économique. Les économistes pointent notamment les risques d'un effondrement du marché immobilier ou d'une instabilité bancaire due à la hausse des taux d'intérêt. La pression sur les banques, qui doivent faire face à une augmentation des défauts de paiement et à une valorisation en baisse de leurs actifs immobiliers, est un facteur de fragilisation du système financier. De plus, la réduction des liquidités sur les marchés mondiaux, liée aux politiques de resserrement monétaire des grandes banques centrales, accentue la nervosité des investisseurs et augmente le risque d'un déclenchement de crise.

Les tensions géopolitiques, comme la guerre en Ukraine et les conflits commerciaux persistants entre grandes économies, ajoutent à l'incertitude et renforcent le risque d'une récession mondiale. Les chocs sur les chaînes d'approvisionnement et la hausse des prix de l'énergie pèsent sur les entreprises, qui doivent faire face à des coûts de production plus élevés et à une demande affaiblie par la baisse du pouvoir d'achat des consommateurs. Ces facteurs, combinés à la fragilité des systèmes bancaires et financiers, sont autant de signaux d'alerte qui font craindre un krach économique majeur.

6.2 – Scénario optimiste vs scénario pessimiste

Malgré ces défis, certains signes laissent espérer une reprise économique à moyen terme. Les efforts pour réindustrialiser la France, notamment avec la relocalisation de certaines activités stratégiques, montrent des signes encourageants. Les investissements massifs dans les énergies renouvelables et les technologies vertes pourraient renforcer la souveraineté énergétique et créer de nombreux emplois dans des secteurs porteurs. La transition écologique offre des opportunités de croissance durable, et le soutien de l'Union européenne à travers son plan de relance permet de financer des projets d'infrastructure essentiels à la modernisation de l'économie française.

Les réformes du marché du travail, visant à flexibiliser l'emploi et à encourager l'insertion professionnelle, pourraient également porter leurs fruits d'ici la fin de la décennie. Une meilleure formation des travailleurs aux compétences requises par les secteurs en tension, ainsi que des incitations fiscales pour encourager l'innovation, sont autant de leviers pour soutenir la croissance économique et réduire le taux de chômage. Si ces efforts se poursuivent et que les conditions géopolitiques se stabilisent, la France pourrait retrouver une dynamique de croissance positive et résiliente.

À l'inverse, les contraintes imposées par Bruxelles, telles que les exigences en matière de déficit public et de réduction de la dette, limitent la capacité de la France à mener des politiques de relance ambitieuses. La pression fiscale, qui reste élevée, pèse sur la compétitivité des entreprises et limite leur capacité à investir et à innover. Les petites et moyennes entreprises (PME), en particulier, sont confrontées à des coûts croissants et à des contraintes administratives qui freinent leur développement. Si les décideurs ne parviennent pas à prendre des mesures structurelles pour améliorer l'environnement des affaires et rendre les entreprises françaises plus compétitives, le pays risque de s'enfoncer dans une crise économique similaire à celle qu'a connue la Grèce il y a une décennie.

En conclusion, la France se trouve à un tournant critique. Le chemin vers la reprise économique n'est pas garanti et dépendra de la capacité du pays à naviguer entre les contraintes budgétaires, les incertitudes internationales et les opportunités offertes par la transition écologique et la réindustrialisation. Le scénario optimiste repose sur une mobilisation efficace des ressources et des réformes audacieuses, tandis que le scénario pessimiste met en garde contre une inaction ou des politiques inadéquates qui pourraient conduire à un krach économique profond. Une situation explosive dans un climat social déjà bouillonnant. On se rappelle que la révolte des gilets jaunes avait éclatée pour bien moins que cela !

Chapitre 6 : La société française

En 2025, la société française est confrontée à des tensions croissantes, exacerbées par des fractures sociales, des enjeux démographiques, et une crise des institutions. Les inégalités se creusent, les tensions communautaires s'intensifient, et le mécontentement social atteint des niveaux critiques. Ce chapitre explore les principaux défis sociétaux auxquels la société française fait face.

1 - Démographie en mutation

1.1 - Chute de la natalité et vieillissement de la population

La France enregistre un déclin continu de sa natalité, avec un taux de fécondité qui atteint 1,74 enfant par femme en 2024, son plus bas niveau depuis les années 1970. Les facteurs principaux incluent une précarité économique accrue, le coût élevé de l'éducation, la difficulté d'accés à un logement abordable, et un report des grossesses pour des raisons professionnelles ou personnelles. De nombreux jeunes couples, confrontés à des conditions de vie incertaines, choisissent de différer leur projet parental, voire de renoncer à avoir des enfants. Cette tendance est également influencée par des aspirations sociétales différentes, où la recherche d'une stabilité financière et d'une meilleure qualité de vie prime sur la volonté de fonder une famille nombreuse.

À cela s'ajoute le vieillissement de la population : plus de 20 % des Français ont désormais plus de 65 ans, une proportion qui devrait atteindre 25 % d'ici 2030. L'allongement de l'espérance de vie, couplé à la baisse de la natalité, transforme la pyramide des âges, augmentant la proportion de personnes âgées par rapport aux jeunes. Cette évolution démographique pose un véritable défi pour l'équilibre des générations et la solidarité intergénérationnelle.

1.2 – Impacts économiques et sociaux

Cette transition démographique pèse lourdement sur le système de retraites et les services publics. Le ratio actifs/retraités s'effondre, passant de quatre actifs pour un retraité dans les années 1960 à moins de deux pour un d'ici 2030, mettant en péril le financement des pensions. La soutenabilité du système de retraite par répartition est de plus en plus remise en question, obligeant le gouvernement à envisager des réformes impopulaires, telles que le report de l'âge légal de départ à la retraite ou l'augmentation des cotisations sociales. Ces mesures suscitent des tensions sociales et des mouvements de protestation réguliers, illustrant la difficulté de réformer un système fondé sur la solidarité intergénérationnelle.

Par ailleurs, les besoins croissants en soins pour les personnes âgées saturent un système de santé déjà sous pression. Les établissements de santé et les services d'aide à domicile font face à une pénurie de personnel et à des ressources limitées, alors même que la demande de soins de longue durée augmente. Le secteur des établissements d'hébergement pour personnes âgées dépendantes (EHPAD) est particulièrement touché, avec des difficultés de recrutement et des conditions de travail souvent jugées insuffisantes. La qualité de prise en charge des personnes âgées est donc menacée, ce qui alimente les inquiétudes quant à la capacité de la société à faire face à ce vieillissement.

Sur le plan économique, le vieillissement de la population a également un Impact sur la croissance. La baisse de la population active, due à la diminution des naissances et aux départs en retraite massifs, entraîne une pénurie de main-d'œuvre dans certains secteurs clés, comme la santé, le bâtiment, et les services à la personne. Cette pénurie freine l'activité économique et limite le potentiel de croissance du pays. Pour compenser ce déficit, la France doit encourager l'immigration économique et améliorer l'inclusion des travailleurs seniors sur le marché du travail, mais ces solutions sont parfois politiquement sensibles et suscitent des débats au sein de la population.

La mutation démographique que traverse la France pose des défis économiques et sociaux majeurs. La baisse de la natalité, combinée au vieillissement de la population, fragilise les systèmes de protection sociale et met sous pression les services publics, notamment le système de santé. Pour relever ces défis, des réformes structurelles seront nécessaires, impliquant une adaptation des politiques familiales, une meilleure prise en charge des personnes âgées, et une mobilisation de l'ensemble des générations pour préserver la solidarité intergénérationnelle.

2. Insécurité et santé mentale : des indicateurs en alerte

2.1 – Montée des incivilités et sentiment d'insécurité

Le sentiment d'insécurité progresse, notamment dans les zones urbaines où les actes de délinquance, tels que les vols, les agressions et les incivilités, augmentent. Bien que les chiffres officiels montrent une stabilisation des crimes graves, la perception d'une insécurité généralisée alimente le discours politique et médiatique. Les événements très médiatisés, comme les rixes entre bandes de jeunes ou les agressions dans les transports en commun, contribuent à renforcer cette impression d'insécurité omniprésente, même si la réalité statistique ne correspond pas toujours à la perception publique.

Dans les quartiers sensibles, les habitants signalent une augmentation des incivilités, des nuisances sonores et des dégradations, qui dégradent leur qualité de vie et alimentent un sentiment d'abandon. Ce climat d'insécurité ressenti a des conséquences sur les comportements quotidiens : de plus en plus de personnes évitent de sortir tard le soir ou modifient leurs trajets pour éviter certaines zones. Les collectivités locales mettent en place des dispositifs de vidéosurveillance et renforcent la présence policière, mais ces mesures peinent à rassurer la population.

Le discours politique sur la sécurité s'est durci, avec des appels à une plus grande fermeté et à l'augmentation des effectifs de police. Cette polarisation du débat public contribue à accentuer le sentiment d'insécurité, tandis que les problèmes de fond, tels que la prévention de la délinquance et la lutte contre les inégalités sociales, peinent à être abordés de manière structurelle.

2.2 – Crise de la santé mentale

La santé mentale des Français atteint un point critique, avec une augmentation alarmante des troubles dépressifs et anxieux. Une étude menée par Santé Publique France en 2024 révèle que 30 % des jeunes de 18 à 24 ans présentent des signes de détresse psychologique sévère, exacerbés par la pandémie de Covid-19, les crises économiques successives, et l'incertitude face à l'avenir. Les jeunes font face à des difficultés accrues pour s'insérer sur le marché du travail, trouver un logement stable et envisager un avenir serein, ce qui contribue à leur mal-être.

Les services psychiatriques sont débordés, et les délais pour obtenir une consultation dépassent souvent six mois. La situation est particulièrement critique dans les régions rurales, où l'accès aux professionnels de santé mentale est encore plus limité, faute de praticiens disponibles. Les associations de patients tirent la sonnette d'alarme, alertant sur le manque de moyens alloués à la santé mentale et sur la nécessité de renforcer les dispositifs de prise en charge, notamment pour les publics les plus vulnérables.

Les adolescents et les jeunes adultes sont parmi les plus touchés par la crise de la santé mentale. Le harcèlement scolaire et en ligne, les pressions académiques, et la surexposition aux réseaux sociaux, qui créent des attentes souvent démesurées en matière de réussite personnelle et d'apparence, ont un impact profond sur leur bien-être. Les tentatives de suicide sont en hausse chez les jeunes, et les urgences pédiatriques rapportent une augmentation significative des admissions pour des troubles psychiques.

Pour répondre à cette crise, le gouvernement a annoncé des mesures pour renforcer la prévention et améliorer l'accès aux soins en santé mentale, telles que la création de maisons de santé mentale et le remboursement élargi des consultations chez les psychologues. Toutefois, ces initiatives peinent à compenser des années de sous-investissement dans le secteur et ne répondent pas immédiatement à l'urgence de la situation.

La montée du sentiment d'insécurité et la crise de la santé mentale sont deux indicateurs en alerte qui reflètent des tensions profondes au sein de la société française. Face à ces enjeux, des politiques ambitieuses et une meilleure coordination entre les acteurs publics et privés sont nécessaires pour restaurer la confiance des citoyens et améliorer leur qualité de vie.

3 - Tensions communautaires et échec de l'intégration

3.1 - Segmentation des communautés

La fragmentation sociale s'accroît, alimentée

par des inégalités économiques et un sentiment d'abandon dans certaines zones périurbaines et rurales. De nombreuses communes se sentent laissées pour compte par les pouvoirs publics, avec un accès limité aux services essentiels tels que les transports, la santé, et l'éducation. Ce sentiment d'injustice contribue à un repli communautaire, où les individus cherchent refuge et identité au sein de leurs propres groupes culturels ou ethniques.

Les politiques d'intégration peinent à répondre aux défis posés par une diversité culturelle croissante, faute de moyens suffisants et d'une vision claire sur le long terme. Les programmes destinés à favoriser l'insertion économique et sociale des nouveaux arrivants sont souvent fragmentés et manquent de coordination. En conséquence, des tensions communautaires émergent autour de sujets sensibles comme l'accès au logement, l'emploi, ou encore l'utilisation de l'espace public. Les quartiers dits "sensibles" sont les plus touchés par cette segmentation, où des communautés vivent en parallèle sans réelles interactions, alimentant le sentiment de division.

La discrimination systémique sur le marché du

travail et dans l'accès aux services publics renforce ce sentiment de ségrégation. Les personnes issues de l'immigration ou appartenant à des minorités ethniques se heurtent à des barrières invisibles qui limitent leurs opportunités d'emploi et leur ascension sociale, ce qui les pousse souvent à se replier sur des solidarités communautaires pour pallier les défaillances des institutions. L'absence de mixité sociale et la concentration de la pauvreté dans certains territoires contribuent à aggraver ces tensions.

3.2 – Radicalisation et repli identitaire

Ces fractures sociales et économiques favorisent l'émergence de discours radicaux, tant à gauche qu'à droite de l'échiquier politique. Les mouvements nationalistes et populistes gagnent du terrain, exploitant le sentiment d'insécurité et d'abandon ressenti par une partie de la population. Ce repli identitaire se manifeste par une montée de la xénophobie, des discours anti-immigration, et une résurgence de revendications identitaires visant à protéger une certaine idée de l'identité nationale. Des groupes d'extrême droite trouvent un écho chez les populations inquiètes de voir leur culture et leur mode de vie remis en question par la mondialisation et les flux migratoires.

Parallèlement, des mouvances radicales se développent également dans les communautés marginalisées, où le sentiment d'injustice et l'absence de perspectives alimentent la colère. Ces groupes se tournent vers des discours de rupture, rejetant les institutions et appelant à une transformation radicale de la société. La radicalisation religieuse est également présente, notamment chez des jeunes en quête de sens, qui se sentent exclus de la société et trouvent dans l'idéologie extrémiste une façon d'affirmer leur identité et de se rebeller contre un système perçu comme oppressif.

Le repli identitaire rend le dialogue social de plus en plus difficile. Les revendications communautaires se multiplient, rendant complexe la construction d'un projet collectif inclusif. Les tensions se cristallisent notamment autour des questions de laïcité, de l'enseignement des valeurs républicaines, et de la place de la religion dans l'espace public. Les débats sur le port du voile, l'aménagement des horaires dans les piscines municipales, ou encore l'enseignement de l'histoire coloniale sont autant de sujets qui polarisent l'opinion et démontrent les difficultés de cohabitation au sein d'une société de plus en plus diverse.

Pour surmonter ces tensions, il est nécessaire de renforcer les politiques d'intégration et de lutte contre les discriminations, tout en favorisant la mixité sociale et les initiatives de dialogue interculturel. L'éducation joue un rôle central dans la prévention du repli identitaire, en promouvant les valeurs de tolérance, d'égalité, et de respect de la diversité. De même, des politiques ambitieuses visant à réduire les inégalités territoriales et à redynamiser les zones laissées pour compte sont essentielles pour réduire le sentiment d'abandon et restaurer la confiance envers les institutions.

4 - Crise des institutions et mécontentement social

4.1 - Institutions sous pression

Les services publics, autrefois piliers du modèle social français, sont aujourd'hui au bord de l'effondrement. Les hôpitaux, confrontés à des pénuries de personnel, voient leurs capacités réduites, entrainant des délais d'attente prolongés et une qualité de soins en baisse. Les urgences hospitalières sont souvent saturées, et de nombreux services ont dû fermer faute de ressources humaines suffisantes. Cette situation affecte particulièrement les régions rurales, où l'accès aux soins est de plus en plus difficile, alimentant le sentiment d'abandon chez les habitants.

Les écoles, quant à elles, subissent une dégradation de leurs conditions d'enseignement, notamment dans les zones prioritaires. Le manque de moyens financiers, le sous-effectif chronique et la difficulté à recruter des enseignants qualifiés affectent directement la qualité de l'éducation. Les inégalités territoriales en matière d'éducation se creusent, avec des élèves des zones rurales et des quartiers défavorisés qui ne bénéficient pas des mêmes opportunités que ceux des grandes villes. Cette situation est exacerbée par le manque de soutien aux enseignants, confrontés à des classes surchargées et à des conditions de travail de plus en plus difficiles, ce qui a entraîné une hausse des démissions et des reconversions professionnelles.

Les administrations publiques, elles aussi, sont sous pression, avec une bureaucratie qui peine à suivre les attentes des citoyens. Le numérique, censé simplifier l'accès aux services, a souvent laissé sur le carreau une partie de la population moins familière avec les outils technologiques, creusant davantage les inégalités d'accès aux droits. La saturation des services sociaux et le manque de moyens pour répondre aux demandes croissantes fragilisent encore davantage la cohésion sociale.

4.2 – Mobilisations sociales croissantes

Les tensions sociales se traduisent par une intensification des mobilisations. Les grèves et manifestations, qui ont marqué les dernières années, montrent une contestation grandissante des politiques gouvernementales, notamment en matière de retraites, d'éducation, de santé et de pouvoir d'achat. Les réformes prévues par le gouvernement, telles que le report de l'âge de la retraite et la réduction des aides sociales, ont suscité une forte opposition, symbolisant la fracture entre une population qui se sent de plus en plus précarisée et des décideurs perçus comme déconnectés des réalités quotidiennes.
Les agriculteurs, confrontés à des difficultés économiques croissantes et à des réglementations perçues comme étouffantes,

se mobilisent également pour défendre leurs conditions de travail et leur survie économique. Les "gilets jaunes 2.0" rassemblent une coalition disparate, regroupant des citoyens de tous horizons qui partagent un même sentiment de déclassement et de colère contre les élites. Cette nouvelle vague de mobilisation se caractérise par une organisation décentralisée, souvent relayée par les réseaux sociaux, et une absence de représentation politique claire, rendant le dialogue avec les autorités encore plus complexe.

Les syndicats, malgré une perte d'influence ces dernières années, jouent un rôle central dans la structuration des mouvements de grève, notamment dans les secteurs stratégiques comme les transports et l'énergie. La mobilisation des travailleurs de ces secteurs a eu des conséquences importantes sur l'économie et le quotidien des Français, avec des pénuries d'énergie, des perturbations des transports et des blocages économiques. Ces actions sont le reflet d'un malaise profond et d'une exaspération face à des conditions de travail jugées inacceptables et à une perception de l'injustice sociale croissante.

La crise des institutions publiques et le

mécontentement social qui en résulte sont des symptômes d'une société en quête de réformes profondes et de justice sociale. Les services publics, autrefois fiers symboles du modèle français, doivent être renforcés et modernisés pour répondre aux besoins de la population. Parallèlement, une meilleure prise en compte des revendications sociales et un dialogue plus constructif entre l'État et les citoyens sont indispensables pour restaurer la confiance et prévenir une polarisation accrue de la société.

5 – Résilience et initiatives locales

5.1 – Solidarité locales

Face à ces défis, des initiatives locales émergent pour renforcer la résilience sociale et compenser les lacunes des services publics. Des associations et collectifs citoyens prennent le relais dans les domaines de l'aide alimentaire, du soutien scolaire ou de la santé mentale. Ces efforts montrent une volonté d'agir au niveau local malgré la désaffection envers les structures étatiques et les institutions traditionnelles. Les banques alimentaires, par exemple, jouent un rôle crucial dans la lutte contre la précarité alimentaire, en répondant à l'urgence sociale dans les quartiers les plus vulnérables.

Les collectifs citoyens s'organisent pour proposer des solutions concrètes, telles que la création de jardins partagés, d'AMAP (Associations pour le maintien d'une agriculture paysanne) ou encore de réseaux d'entraide pour les personnes isolées. Ces initiatives permettent de recréer du lien social et de lutter contre le sentiment d'isolement qui touche de plus en plus de Français, en particulier dans les zones rurales et les banlieues. Les plateformes de troc et d'échange de services, de plus en plus populaires, illustrent également cette dynamique de solidarité, qui repose sur une valorisation des compétences locales et un rejet des modèles consuméristes traditionnels.

Les mairies et les collectivités locales, bien que disposant de moyens limités, soutiennent ces initiatives en mettant à disposition des locaux ou en facilitant l'organisation d'événements communautaires. Cette approche décentralisée et participative permet de répondre de manière adaptée aux besoins spécifiques des territoires, et de montrer que des solutions peuvent émerger lorsque les citoyens se mobilisent pour le bien commun.

5.2 - Vers une transition sociale ?

Certaines régions expérimentent des modèles innovants, comme le revenu universel ou les monnaies locales, pour réduire les inégalités et renforcer la cohésion sociale. Le revenu universel, testé dans certaines communes, vise à garantir un minimum de ressources à chaque citoyen, offrant une sécurité financière face à la précarité et aux incertitudes du marché du travail. Bien que ces expérimentations soient encore limitées et parfois controversées, elles permettent d'explorer de nouvelles pistes pour adapter le modèle social français aux réalités actuelles.

Les monnaies locales, quant à elles, connaissent un regain d'intérêt, avec des initiatives visant à relocaliser l'économie et à soutenir les commerces de proximité. Ces monnaies, utilisables uniquement sur un territoire donné, encouragent la consommation locale et renforcent la solidarité entre les acteurs économiques de la région. Elles permettent de résister à la pression des grands groupes et de redonner du pouvoir aux citoyens en valorisant l'économie locale et durable.

Des initiatives telles que les "tiers-lieux",

espaces hybrides qui combinent coworking, ateliers artisanaux, et espaces communautaires, se développent également pour favoriser l'innovation sociale et la collaboration entre différents acteurs. Ces lieux offrent une plateforme pour expérimenter de nouvelles façons de travailler et de vivre ensemble, en réunissant des personnes de divers horizons pour répondre aux problèmes locaux de manière collective.

Ces initiatives, bien que limitées à ce stade, offrent des pistes pour repenser le contrat social français. Elles montrent que des solutions existent pour faire face aux défis économiques et sociaux actuels, à condition de valoriser l'engagement citoyen et de soutenir les dynamiques locales. En favorisant la participation citoyenne et en s'appuyant sur les forces des territoires, ces initiatives pourraient constituer les bases d'une transition vers un modèle de société plus solidaire, équitable et résilient.

La société française, en 2025, est à un carrefour. Les fractures sociales, exacerbées par les crises économiques et institutionnelles, menacent la cohésion nationale. Cependant, des signes de résilience et d'innovation locale montrent qu'un avenir plus équilibré est possible. Pour y parvenir, il faudra un engagement collectif, une refonte des politiques publiques et une réinvention des modèles sociaux adaptés aux défis du XXIe siècle.

Chapitre 7 : Éducation et avenir des jeunes générations

En 2025, le système éducatif français est confronté à des défis majeurs qui mettent en péril l'avenir des jeunes générations. Entre inégalités persistantes, réformes controversées et une jeunesse en quête de repères, l'éducation nationale se trouve à un tournant décisif.

1 - Inégalités scolaires : un fossé qui se creuse

1.1 - Disparités territoriales et sociales

Les inégalités scolaires en France se sont accentuées, notamment entre les zones urbaines favorisées et les territoires ruraux ou périurbains défavorisés. Les élèves issus de milieux modestes rencontrent davantage de difficultés scolaires, avec un taux de décrochage élevé. Selon le ministère de l'Éducation nationale, 10 % des élèves sortent du système scolaire sans aucun diplôme ou avec seulement le brevet. Dans les zones rurales, l'accès à des établissements scolaires bien équipés est souvent limité, et le manque de transports scolaires fiables accentue ces inégalités.

Les élèves des quartiers prioritaires de la politique de la ville (QPV) sont également confrontés à des obstacles supplémentaires. Le manque de ressources pédagogiques, des classes surchargées, et des environnements de vie souvent marqués par des difficultés socio-économiques limitent leurs chances de réussite. Le déficit d'accompagnement familial, en raison de la précarité ou d'un manque de maîtrise de la langue française, joue également un rôle clé dans les inégalités scolaires. Les élèves des milieux favorisés, quant à eux, bénéficient souvent d'un soutien scolaire privé et de meilleures conditions d'étude, ce qui leur permet de surmonter plus facilement les difficultés et de réussir leurs études.

1.2 – Échec des politiques d'intégration

Les politiques visant à promouvoir la mixité sociale dans les établissements scolaires ont montré leurs limites. Les écarts de performance entre élèves de milieux aisés et défavorisés restent significatifs, reflétant une ségrégation scolaire persistante. Les dispositifs comme la carte scolaire, censée encourager la mixité, n'ont pas réussi à réduire les inégalités, car de nombreuses familles contournent le système en inscrivant leurs enfants dans des établissements privés ou en demandant des dérogations.

Les établissements des zones d'éducation prioritaires (ZEP) font face à des difficultés multiples, notamment un taux d'encadrement insuffisant et une rotation importante des enseignants, souvent débutants et peu formés aux problématiques spécifiques de ces publics. Les enseignants, confrontés à des conditions de travail difficiles, éprouvent parfois un sentiment de découragement face à l'ampleur des problèmes à traiter, ce qui impacte la qualité de l'enseignement dispensé.

Les élèves issus de l'immigration sont particulièrement touchés par ces inégalités. La barrière de la langue et le manque d'adaptation des programmes scolaires à leur réalité culturelle et linguistique limitent leurs possibilités d'insertion. Les dispositifs de réussite éducative, bien qu'existant, restent souvent sous-financés et peinent à avoir un impact significatif sur la réduction des écarts de performance.

En parallèle, la compétition entre établissements, alimentée par des classements publics et la course aux meilleures options (classes préparatoires, filières spécifiques), renforce ces inégalités. Les familles les mieux informées et les plus aisées ont tendance à concentrer leurs enfants dans les établissements les plus performants, laissant les autres élèves dans des écoles où les difficultés se cumulent.

Pour réduire ces inégalités, il est indispensable de repenser les politiques d'éducation en mettant l'accent sur une répartition équitable des ressources, un soutien accru aux enseignants et une valorisation des établissements en difficulté. Des mesures telles que le renforcement de l'accompagnement pédagogique, le développement de dispositifs de tutorat, et l'amélioration des infrastructures scolaires dans les zones défavorisées sont nécessaires pour donner à chaque élève les mêmes chances de réussite.

2 – Réformes éducatives : entre ambition et contestation

2.1 – Nouveaux programmes et controverses

En octobre 2024, de nouveaux programmes de français et de mathématiques pour les cycles 1 et 2 ont été publiés, avec une mise en application prévue pour la rentrée 2025. Ces réformes visent à améliorer les compétences fondamentales des élèves, notamment en renforçant l'apprentissage de la lecture, de l'écriture et des bases en calcul, jugées insuffisantes dans les évaluations internationales. Cependant, ces réformes ont suscité des débats quant à leur pertinence et à leur mise en œuvre. Les critiques pointent un alourdissement des contenus, qui pourrait creuser les inégalités entre élèves, notamment ceux en difficultés ou issus de milieux moins favorisés.

Certains experts éducatifs ont mis en garde contre une approche trop centrée sur la transmission des savoirs au détriment des compétences transversales, telles que la capacité à travailler en groupe ou à résoudre des problèmes complexes. Le retour à des méthodes plus traditionnelles, comme l'apprentissage par cœur et des évaluations plus régulières, est également critiqué par certains, qui craignent une pédagogie moins adaptée aux élèves en difficulté et moins propice à l'épanouissement des jeunes. La question des moyens alloués à la formation des enseignants sur ces nouveaux programmes reste également en suspens, alors que beaucoup d'entre eux s'inquiètent du manque d'accompagnement pour adapter leurs pratiques.

2.2 - Réactions du corps enseignant

Les enseignants expriment régulièrement leur mécontentement face aux réformes perçues comme déconnectées des réalités du terrain. Pour beaucoup, ces nouvelles directives sont imposées sans tenir compte des contraintes quotidiennes qu'ils rencontrent dans les salles de classe, telles que des effectifs élevés, le manque de soutien pédagogique et des ressources matérielles insuffisantes. Des manifestations ont eu lieu pour dénoncer la dégradation des conditions de travail, le manque de concertation et la pression croissante sur les enseignants qui doivent appliquer des réformes successives sans réelles périodes d'adaptation.

Les syndicats d'enseignants ont critiqué la rapidité avec laquelle les réformes sont mises en place, souvent sans tests préalables ni consultations approfondies. Le sentiment de ne pas être écouté ou impliqué dans la prise de décision alimente un malaise profond au sein du corps enseignant. Beaucoup se plaignent également de l'accroissement des tâches administratives, qui les éloignent de leur mission principale : enseigner et accompagner les élèves. Cette accumulation de contraintes contribue à la dégradation du climat scolaire, à une augmentation du taux de burn-out parmi les enseignants, et à une baisse de la motivation des jeunes à entrer dans cette profession.

Malgré ce contexte difficile, de nombreux enseignants font preuve d'une grande résilience et s'efforcent de proposer des solutions alternatives. Des initiatives locales voient le jour pour adapter les programmes aux réalités de chaque classe, notamment via des projets pédagogiques transversaux ou l'utilisation de nouvelles technologies pour diversifier les méthodes d'apprentissage. Ces initiatives sont souvent portées par des enseignants engagés qui souhaitent offrir à leurs élèves les meilleures chances de réussite malgré les obstacles structurels.

Les réformes éducatives actuelles, bien qu'animées par une ambition de renforcement des compétences fondamentales, suscitent des controverses importantes. Le manque de concertation avec le corps enseignant et l'insuffisance des moyens alloués à la formation des professeurs compromettent la mise en œuvre efficace de ces programmes. Pour que ces réformes portent leurs fruits, il semble indispensable d'améliorer le dialogue entre les acteurs de l'éducation et de soutenir davantage les enseignants, qui sont au cœur de la réussite scolaire des élèves.

3 – Avenir des jeunes générations : entre espoir et désillusion

3.1 – Confiance en l'avenir

Malgré les défis économiques, sociaux et environnementaux auxquels ils sont confrontés, une enquête du Crédoc révèle que 71 % des jeunes de 15 à 30 ans se montrent confiants face à l'avenir (pour les 3 prochaines années), bien que ce chiffre soit en baisse par rapport aux années précédentes. Cette confiance reste cependant fragile, ébranlée par les crises successives telles que la pandémie de Covid-19, la crise climatique, et la précarité économique qui touche une grande partie de cette tranche d'âge. Les jeunes diplômés font face à un marché de l'emploi de plus en plus concurrentiel, tandis que les moins qualifiés peinent à trouver des opportunités stables, ce qui alimente un sentiment de frustration et de désillusion.

La hausse des coûts de la vie, notamment le logement et l'énergie, pèse lourdement sur le moral des jeunes générations, qui doivent souvent jongler entre plusieurs emplois précaires pour joindre les deux bouts. Le rêve d'une vie meilleure que celle de leurs parents semble de plus en plus hors de portée pour beaucoup d'entre eux, en particulier pour ceux issus de milieux modestes. Malgré cela, une grande partie de la jeunesse reste déterminée à se battre pour améliorer sa situation et créer un avenir plus équitable, en se tournant vers des initiatives entrepreneuriales, des formations supplémentaires, ou des projets solidaires.

3.2 - Engagement citoyen

Les jeunes générations manifestent un intérêt croissant pour l'engagement citoyen, notamment à travers le bénévolat et la participation à des mouvements sociaux. Cette dynamique reflète une volonté de s'impliquer dans la société et de contribuer au changement. Les jeunes sont en première ligne des mobilisations pour le climat, la justice sociale et l'égalité des droits, à l'image des manifestations pour le climat, des marches contre les discriminations ou encore des actions de soutien aux migrants. Ces engagements sont souvent portés par un profond désir de justice et par la conviction que le changement est possible à travers l'action collective.

Le bénévolat est également en forte progression parmi les jeunes, qui s'engagent dans des associations locales pour soutenir les plus précaires, organiser des collectes alimentaires, ou encore participer à des initiatives écologiques, telles que des opérations de nettoyage de l'environnement. Cet engagement traduit une recherche de sens et une volonté de contribuer positivement à la communauté. En parallèle, les jeunes se tournent de plus en plus vers l'économie sociale et solidaire, créant des projets visant à répondre aux besoins de leur territoire tout en préservant l'environnement et les liens sociaux.

L'engagement citoyen des jeunes passe également par l'utilisation des réseaux sociaux comme vecteur de mobilisation. Ces plateformes leur permettent de s'informer, de partager des initiatives, et de sensibiliser leurs pairs aux causes qui leur tiennent à cœur. Cette mobilisation numérique s'accompagne cependant de défis, notamment en ce qui concerne la gestion des informations, la présence de fake news, et le risque de cyberactivisme déconnecté de l'action concrète sur le terrain.

L'avenir des jeunes générations oscille entre espoir et désillusion. Malgré un contexte difficile et une confiance en baisse, beaucoup de jeunes continuent de croire en leur capacité à influer sur leur destin et à bâtir une société plus juste. Leur engagement citoyen croissant, que ce soit par le bénévolat, la participation à des mouvements sociaux ou des projets d'entrepreneuriat solidaire, est un signe encourageant pour l'avenir, témoignant d'une volonté réelle de changement malgré les obstacles rencontrés.

4 – Défis contemporains : numérique et climat

4.1 – Impact du numérique sur l'éducation

La consommation des médias chez les jeunes est de plus en plus hybride, avec une prédominance des contenus mobiles et sociaux. Cette évolution pose des défis en termes d'attention et de qualité de l'apprentissage. L'accès à une information massive et instantanée, souvent sous forme de vidéos courtes ou de publications sur les réseaux sociaux, contribue à une baisse de la capacité de concentration des étudiants et complique l'acquisition de savoirs plus approfondis. De nombreux enseignants constatent une difficulté croissante à maintenir l'attention des élèves sur des contenus plus longs ou plus complexes.

Parallèlement, le numérique offre des opportunités d'apprentissage innovantes, avec l'émergence de plateformes éducatives, de tutoriels en ligne et de ressources accessibles à tous. L'utilisation de la réalité virtuelle et des jeux sérieux permet de rendre l'apprentissage plus immersif et engageant. Cependant, ces outils peuvent accentuer les inégalités entre élèves en fonction de leur accès aux technologies et de leur accompagnement familial. L'enjeu est d'intégrer ces nouvelles technologies de manière équilibrée, en formant les enseignants et en veillant à ce que tous les élèves puissent en bénéficier de manière égale.

L'omniprésence du numérique soulève également des questions sur la santé mentale des jeunes. La surexposition aux écrans et la pression des réseaux sociaux contribuent à des problèmes d'anxiété et de sommeil, qui ont un impact direct sur les performances scolaires. Les écoles et les familles sont donc confrontées au défi de trouver un équilibre entre les bénéfices du numérique et la prévention de ses effets négatifs.

4.2 - Sensibilité aux enjeux climatiques

Les préoccupations environnementales influencent de plus en plus les choix de vie des jeunes, certains allant jusqu'à remettre en question des décisions majeures, comme fonder une famille, en raison de l'angoisse climatique. Le concept de "solastalgie", défini comme la détresse ressentie face à la dégradation de l'environnement, est de plus en plus présent parmi les jeunes générations, qui expriment un sentiment d'impuissance face à l'urgence climatique.

Cette sensibilité accrue se traduit par des choix de consommation plus responsables : de nombreux jeunes préfèrent les produits locaux, réduisent leur consommation de viande, et adoptent des modes de transport doux comme le vélo. Le mouvement de la "sobriété heureuse", qui prône une vie plus simple et respectueuse de l'environnement, trouve un écho particulier chez les jeunes, qui rejettent le modèle consumériste de leurs parents au profit de valeurs plus écologiques et solidaires.

Par ailleurs, les jeunes sont souvent à l'avant-garde des mouvements militants pour le climat. Ils participent aux grèves scolaires pour le climat, inspirés par des figures comme Greta Thunberg, et s'impliquent dans des associations environnementales locales. Leurs revendications vont au-delà de simples ajustements : ils demandent des transformations profondes du système économique et politique pour faire face à la crise climatique. Ce militantisme reflète une volonté de ne plus être spectateurs des politiques environnementales, mais d'en devenir des acteurs à part entière.

Cependant, cette conscience écologique s'accompagne également d'une forme d'éco-anxiété, qui affecte la santé mentale des jeunes. Beaucoup d'entre eux ressentent une pression immense pour agir et un sentiment de culpabilité face à l'inaction des générations précédentes. Les établissements scolaires commencent à prendre en compte ces inquiétudes, en introduisant des programmes de sensibilisation à l'écologie, mais aussi en offrant un soutien psychologique pour aider les élèves à faire face à leurs angoisses liées au climat.

En conclusion, les jeunes générations sont confrontées à des défis contemporains majeurs, liés à l'impact du numérique sur leur éducation et à leur sensibilité croissante aux enjeux climatiques. Leur capacité à naviguer entre ces influences contradictoires, à utiliser les technologies de manière positive tout en préservant leur santé mentale, et à agir face à la crise climatique, sera déterminante pour façonner l'avenir de la société.

Le système éducatif français est à un carrefour important. Pour assurer un avenir prometteur aux jeunes générations, il est impératif de réduire les inégalités, d'adapter les programmes aux réalités contemporaines et de soutenir l'engagement citoyen des jeunes. Sans une action concertée et ambitieuse, la France risque de compromettre l'avenir de sa jeunesse et, par conséquent, celui de la nation tout entière.

Partie 3
Le choc technologique

Chapitre 8 : Les révolutions numériques de 2025

En 2025, le monde numérique connaît des transformations profondes, redéfinissant les interactions humaines, les modèles économiques et les structures sociales. Ces révolutions numériques, bien que porteuses d'innovations prometteuses, soulèvent également des défis majeurs et des risques potentiels.

1 - Intelligence Artificielle (IA) : Une omniprésence accrue

1.1 - Convergence entre l'intelligence humaine et l'IA

L'IA s'intègre de manière de plus en plus étroite avec les capacités humaines, augmentant la productivité et l'efficacité dans divers secteurs tels que la santé, l'éducation, l'industrie et les services financiers. Les assistants virtuels, les algorithmes d'analyse de données et les outils de décision basés sur l'IA collaborent avec les professionnels pour améliorer la qualité des diagnostics médicaux, personnaliser l'apprentissage des étudiants ou optimiser les chaînes de production. Cette convergence permet d'automatiser des tâches répétitives et de libérer du temps pour des activités plus créatives et stratégiques.

Cependant, cette intégration soulève également des questions éthiques et des préoccupations concernant la dépendance accrue aux systèmes automatisés. La question de la limite entre l'intelligence humaine et artificielle devient de plus en plus floue, avec des implications profondes sur la manière dont nous définissons nos rôles en tant qu'êtres humains. Les biais présents dans les algorithmes, dû à des données imparfaites ou à des modèles déjà biaisés, risquent de pérenniser les inégalités et d'affecter les processus de décision. De plus, la dépendance croissante à l'IA pose la question de la résilience des systèmes : comment les entreprises et les sociétés pourraient-elles réagir face à des pannes technologiques majeures ou à des cyberattaques ciblant des systèmes critiques ?

1.2 – IA agentique et prise de décision autonome

L'émergence de l'IA agentique, capable de prendre des décisions et d'agir de manière autonome, transforme les processus décisionnels dans les entreprises, mais aussi dans des domaines sensibles comme la défense, la finance et la justice. Ces systèmes peuvent, par exemple, exécuter des transactions financières en quelques millisecondes ou analyser des volumes massifs de données pour détecter des menaces de cybersécurité en temps réel. Cette autonomie accrue de l'IA permet une réactivité sans précédent, mais pose des défis en matière de gouvernance et de responsabilité, notamment en cas de décision erronée ou de biais involontairement renforcé.

La responsabilité juridique des actions de ces systèmes reste une question ouverte : qui est responsable si une IA agentique prend une décision qui cause un préjudice ? Les concepteurs, les développeurs, les utilisateurs, ou l'entreprise qui utilise l'IA ? Ce flou autour de la responsabilité soulève la nécessité d'une adaptation des cadres réglementaires et juridiques pour répondre aux nouveaux enjeux posés par l'autonomie de ces technologies. En outre, l'utilisation de l'IA agentique soulève des questions éthiques sur la place laissée à l'intervention humaine dans des décisions cruciales. Par exemple, les systèmes de reconnaissance faciale utilisés pour la sécurité publique ou les algorithmes évaluant la probabilité de récidive chez des détenus peuvent influencer directement des vies humaines. La transparence et l'explicabilité de ces algorithmes deviennent donc des impératifs pour éviter les décisions arbitraires et garantir le respect des droits individuels.

Pour faire face à ces défis, des initiatives sont en cours afin de développer des cadres éthiques et des chartes pour une utilisation responsable de l'IA. Des organisations internationales comme l'UNESCO et l'Union européenne élaborent des réglementations visant à encadrer le développement et l'utilisation de l'IA, en insistant sur la transparence, la responsabilité et la protection des droits humains. Cependant, l'application de ces principes dans des contextes industriels et commerciaux reste complexe, et nécessite une volonté politique et des coopérations internationales fortes.

L'omniprésence de l'IA dans nos sociétés apporte des gains significatifs en termes de productivité et de nouvelles capacités, mais elle soulève également de nombreux enjeux éthiques, juridiques et sociaux. La convergence entre l'intelligence humaine et artificielle, ainsi que l'autonomie croissante de l'IA agentique, impose de redéfinir les cadres de responsabilité, de garantir la transparence des systèmes et de s'assurer que ces technologies servent le bien commun sans compromettre la dignité humaine.

2 - Robotique avancée et automatisation

2.1 - Robots collaboratifs et IA

Les avancées en IA ont conduit au développement de robots collaboratifs, appelés aussi "cobots", capables de travailler aux côtés des humains en s'adaptant à divers scénarios et en apprenant en continu. Ces robots sont déployés dans une grande variété de secteurs, notamment la fabrication, la santé, l'agriculture, et les services, où ils contribuent à réaliser des tâches précises, répétitives ou potentiellement dangereuses. Cette évolution modifie les dynamiques du lieu de travail, permettant aux travailleurs de se concentrer sur des tâches à plus forte valeur ajoutée, tout en soulevant des questions sur l'avenir de l'emploi humain, en particulier pour les postes peu qualifiés.

Optimus, le robot humanoïde d'Elon Musk, est sur le point d'entrer en production de masse. Musk prévoit une production de 10 milliards de robots à l'horizon 2040, ce qui pourrait avoir des conséquences considérables sur la manière dont les sociétés fonctionnent et sur les rôles traditionnels des travailleurs humains. Avec l'arrivée d'une telle quantité de robots, les emplois manuels ou les tâches simples pourraient disparaître rapidement, ce qui nécessitera une adaptation massive des compétences et une transformation du marché de l'emploi. Les experts anticipent déjà un besoin accru de programmes de requalification et d'apprentissage tout au long de la vie pour aider les travailleurs à s'adapter à ce nouvel écosystème automatisé.

Ces robots collaboratifs, alimentés par des algorithmes de machine learning (apprentissage des machines), sont capables d'améliorer leurs performances en fonction des données accumulées et des interactions avec leurs collègues humains. Toutefois, cette capacité à apprendre et à s'adapter en continu soulève des préoccupations éthiques quant à la responsabilité de leurs actions et à la transparence de leurs décisions. Les entreprises devront établir des lignes directrices et des protocoles de gouvernance pour assurer une utilisation sûre et éthique de ces technologies, tout en garantissant la cohabitation harmonieuse entre les robots et les travailleurs humains.

2.2 – Automatisation des chaînes d'approvisionnement

L'intégration de l'IA et de la robotique dans les chaînes d'approvisionnement les rend plus agiles, réactives et écologiques. Les entrepôts automatisés, où des robots gèrent le stockage, la préparation des commandes et la logistique, permettent de réduire les coûts, d'accélérer les délais de livraison, et de minimiser les erreurs humaines. L'utilisation de véhicules autonomes pour le transport de marchandises optimise les trajets, réduit la consommation de carburant, et diminue l'empreinte carbone globale des opérations logistiques, contribuant ainsi à des chaînes d'approvisionnement plus durables.

Cependant, cette automatisation accrue peut entraîner des perturbations significatives pour les travailleurs non qualifiés, qui risquent de perdre leur emploi au profit de solutions robotiques plus efficaces et plus rentables. Les emplois traditionnels dans les entrepôts, tels que les préparateurs de commandes et les manutentionnaires, sont de plus en plus remplacés par des robots capables de travailler 24 heures sur 24 sans interruption. Cette transformation exige des efforts concertés pour requalifier les travailleurs, notamment via des programmes de formation continue axés sur les nouvelles technologies, la maintenance des systèmes automatisés, et la gestion de l'IA.

De plus, l'automatisation des chaînes d'approvisionnement pose des questions de résilience. Si les systèmes automatisés offrent une grande efficacité, ils sont également vulnérables aux cyberattaques, aux pannes technologiques et aux crises globales comme les pandémies. Pour éviter de devenir trop dépendants des systèmes automatisés, les entreprises doivent développer des stratégies de secours et prévoir des scénarios de gestion de crise qui incluent des solutions humaines pour pallier les défaillances de la technologie.

La robotique avancée et l'automatisation transforment en profondeur le monde du travail et les chaînes d'approvisionnement, offrant des gains de productivité et des possibilités d'optimisation considérables. Toutefois, cette évolution soulève des défis importants, notamment en termes d'emploi, de formation, de responsabilité éthique, et de résilience des systèmes. Une approche équilibrée, visant à maximiser les avantages tout en minimisant les risques pour les travailleurs et les entreprises, sera essentielle pour tirer le meilleur parti de ces technologies.

3 – Cybersécurité et menaces numériques

3.1 – Cryptographie post-quantique

Avec l'avènement des ordinateurs quantiques, la cryptographie traditionnelle basée sur des algorithmes comme RSA (Rivest-Shamir-Adleman) ou ECC (Elliptic Curve Cryptography) devient vulnérable. Les ordinateurs quantiques, en exploitant des propriétés telles que la superposition et l'intrication, seront capables de déchiffrer des clés de cryptographie classique en un temps relativement court, compromettant ainsi la sécurité des communications, des transactions financières et des données sensibles. La transition vers la cryptographie post-quantique, qui repose sur des algorithmes résistants aux attaques quantiques, est essentielle pour préserver la sécurité des infrastructures numériques.

Cependant, cette transition présente des défis techniques et logistiques considérables. L'adoption de la cryptographie post-quantique nécessite la mise à jour des protocoles de sécurité, la refonte des systèmes existants et la formation des experts en cybersécurité. Les organisations doivent également faire face à la question de l'interopérabilité entre les anciens systèmes cryptographiques et les nouvelles normes, tout en évitant des interruptions de service. En outre, la recherche sur les nouveaux algorithmes doit s'intensifier pour s'assurer qu'ils sont non seulement sûrement résistants aux attaques quantiques, mais également efficaces en termes de performance et adaptés aux contraintes des dispositifs embarqués, tels que les objets connectés.

3.2 – Risques de cyberattaques sophistiquées

L'augmentation des cyberattaques sophistiquées, souvent orchestrées par des groupes de cybercriminels organisés ou des États-nations, menace les infrastructures critiques, les entreprises et les données personnelles des citoyens. Ces cyberattaques utilisent des techniques avancées, telles que les ransomwares, le phishing ciblé (spear-phishing), et les attaques zero-day, exploitant des vulnérabilités encore inconnues pour infiltrer des systèmes sensibles. Les infrastructures critiques, telles que les réseaux électriques, les systèmes de distribution d'eau, les hôpitaux, et les transports, sont particulièrement exposées, car une attaque réussie peut avoir des conséquences catastrophiques sur la sécurité nationale et la vie des citoyens.

Les entreprises et les gouvernements doivent investir massivement dans la cybersécurité pour atténuer ces risques, en mettant en place des systèmes de détection et de prévention des intrusions, en formant des équipes d'intervention en cas d'incident et en renforçant la résilience des systèmes informatiques. La cybersécurité ne se limite pas à la protection des infrastructures technologiques : elle inclut également la formation des utilisateurs, car les comportements humains restent souvent la principale faille dans la chaîne de sécurité. Des campagnes de sensibilisation aux bonnes pratiques, telles que la gestion des mots de passe, la reconnaissance des tentatives de phishing et l'importance des mises à jour logicielles, sont essentielles pour réduire le risque d'attaques.

La coopération internationale est également cruciale pour lutter contre les cybermenaces, car les cybercriminels opèrent souvent au-delà des frontières nationales. Des initiatives, telles que la Convention de Budapest sur la cybercriminalité, visent à renforcer la collaboration entre les États pour prévenir, détecter et réprimer les actes de cybercriminalité. Toutefois, les disparités entre les législations nationales et les intérêts divergents des pays rendent cette coopération complexe. Les organisations internationales, les entreprises privées et les gouvernements doivent travailler de concert pour développer des normes communes et échanger des informations sur les menaces afin de renforcer la sécurité globale.

La cybersécurité est devenue un enjeu stratégique majeur à l'ère numérique. La transition vers la cryptographie post-quantique et la lutte contre les cyberattaques sophistiquées nécessitent des investissements considérables, une formation accrue des professionnels de la cybersécurité, ainsi qu'une coopération internationale étendue. Seule une approche holistique, prenant en compte les aspects technologiques, humains et institutionnels, permettra de prévenir les menaces et d'assurer la sécurité des infrastructures et des données dans le futur.

4 – Réalité étendue : VR, AR et métavers

4.1 – Adoption du métavers

Des entreprises comme Meta continuent d'investir massivement dans le développement du métavers, malgré des retours mitigés du marché et une adoption encore limitée par le grand public. Ces plateformes immersives cherchent à redéfinir la manière dont les gens travaillent, socialisent et interagissent en ligne, en offrant des environnements virtuels où les utilisateurs peuvent se retrouver, collaborer ou consommer des contenus de manière plus engageante.

Cette persistance soulève cependant des questions sur la viabilité à long terme de ces plateformes et leur impact sur la société. Alors que le potentiel du métavers est prometteur pour des applications comme les bureaux virtuels, les concerts en ligne ou les salons professionnels, les problèmes d'interopérabilité, les coûts élevés du matériel (casques VR), et les défis liés à l'accessibilité freinent son adoption à grande échelle. De plus, la question de la santé mentale et du bien-être des utilisateurs, exposés à une immersion prolongée dans des mondes virtuels, est au cœur des débats concernant l'impact du métavers sur la vie quotidienne.

Certaines entreprises voient dans le métavers une opportunité unique de créer des écosystèmes économiques alternatifs basés sur la blockchain et les NFT (jetons non fongibles), permettant aux utilisateurs de posséder des actifs numériques, de vendre des créations et de participer à une économie virtuelle. Cependant, cette économie reste encore peu réglementée, avec des risques importants de fraude et de vol d'actifs numériques. Les régulateurs commencent à se pencher sur la question pour assurer une certaine transparence et prévenir les abus dans ces nouveaux environnements.

4.2 – Applications de la réalité augmentée

La réalité augmentée (AR) trouve des applications variées et prometteuses dans des secteurs tels que l'éducation, la santé et le commerce, offrant des expériences immersives qui superposent des informations virtuelles à la réalité physique. Dans le domaine de l'éducation, l'AR permet de créer des leçons interactives et engageantes, en donnant vie à des concepts abstraits à travers des animations 3D ou des visualisations interactives. Les étudiants peuvent explorer l'anatomie humaine, l'histoire ou la physique de manière plus ludique et intuitive, ce qui favorise une meilleure compréhension et rétention des connaissances.

Dans le secteur de la santé, la réalité augmentée est utilisée pour aider les médecins à planifier des opérations chirurgicales complexes en visualisant les organes des patients en trois dimensions. L'AR est également employée pour former les étudiants en médecine, leur permettant de simuler des interventions et d'acquérir une expérience précieuse avant de travailler sur de vrais patients. Cette technologie transforme également la réadaptation physique, en offrant des programmes de thérapie personnalisés et interactifs qui motivent les patients à suivre leurs exercices de manière plus régulière.

Le commerce et le marketing sont également

révolutionnés par l'AR, qui permet aux clients d'essayer virtuellement des vêtements, des lunettes ou de visualiser un meuble dans leur intérieur avant de l'acheter. Cette expérience d'achat plus immersive favorise la satisfaction des clients et réduit les taux de retour des produits. Les marques utilisent également l'AR pour créer des campagnes de marketing interactives qui captivent l'attention des consommateurs et offrent des expériences inédites.

Par ailleurs, les lunettes intelligentes telles que les RayBan Meta et les impressionnantes Even G1 sont prévues comme l'une des grandes révolutions de 2025. Ces dispositifs promettent de rendre la réalité augmentée plus accessible et plus intuitive, en intégrant des fonctionnalités telles que la superposition de notifications, la traduction en temps réel, ou la capture d'informations contextuelles directement dans le champ de vision de l'utilisateur. Ces lunettes pourraient transformer la façon dont nous interagissons avec notre environnement, en nous permettant d'accéder à des informations en temps réel sans avoir à sortir nos téléphones ou autres appareils.

Cependant, des préoccupations subsistent

quant à la confidentialité et à la dépendance
technologique. Les dispositifs AR collectent une
grande quantité de données sur les utilisateurs,
notamment leur localisation, leurs
comportements et leurs interactions. Ces
données peuvent être exploitées par des
entreprises à des fins commerciales, posant
des questions sur la protection de la vie privée.
De plus, la dépendance accrue à ces
technologies pourrait exacerber les inégalités
entre ceux qui ont accès aux dispositifs AR et
ceux qui en sont privés, créant un fossé
numérique de plus en plus important.

La réalité étendue, qu'il s'agisse du métavers ou
de la réalité augmentée, est en train de
redéfinir nos interactions avec le monde
numérique. Bien que ces technologies offrent
des opportunités incroyables pour l'éducation,
la santé et le commerce, elles soulèvent
également des questions sur leur impact
éthique, leur viabilité à long terme et les risques
liés à la confidentialité des données et à la
dépendance technologique. Une approche
réglementée et éthique sera essentielle pour
maximiser les avantages de ces technologies
tout en minimisant leurs impacts négatifs sur la
société.

logicielles, sont essentielles pour réduire le risque d'attaques.

La cybersécurité est devenue un enjeu stratégique majeur à l'ère numérique. La transition vers la cryptographie post-quantique et la lutte contre les cyberattaques sophistiquées nécessitent des investissements considérables, une formation accrue des professionnels de la cybersécurité, ainsi qu'une coopération internationale étendue. Seule une

5 – Énergie et technologies propres

5.1 – IA et énergie nucléaire

L'IA joue un rôle croissant dans l'optimisation de l'énergie nucléaire, contribuant à la transition vers des technologies plus propres. L'utilisation de l'IA permet d'améliorer la gestion des réacteurs nucléaires, en optimisant les processus de maintenance, en prévenant les dysfonctionnements, et en améliorant la sécurité globale des installations. L'IA est capable d'analyser des volumes massifs de données en temps réel pour prévoir les pannes potentielles, réduisant ainsi les risques d'incidents et augmentant l'efficacité des centrales.

Par ailleurs, le développement de mini-réacteurs nucléaires (SMR, pour small modular reactor) figure parmi les pistes évoquées par des entreprises comme Microsoft ou Amazon pour alimenter leurs centres de données et faire tourner leurs IA. Ces mini-réacteurs, plus compacts et moins coûteux que les centrales traditionnelles, pourraient fournir une source d'énergie stable et décarbonée pour répondre aux besoins croissants du secteur numérique. Cependant, la dépendance à l'IA dans ce domaine soulève des questions de sécurité et de fiabilité, notamment en ce qui concerne la capacité des systèmes d'intelligence artificielle à réagir à des situations imprévues ou à des cyberattaques potentielles. Assurer la résilience de ces systèmes est une priorité pour prévenir tout risque d'accident ou de dysfonctionnement majeur.

5.2 - Défis énergétiques du numérique

La croissance exponentielle des technologies numériques augmente la demande énergétique, posant des défis en matière de durabilité et de gestion des ressources. Les centres de données, essentiels pour le stockage et le traitement de l'information, consomment d'énormes quantités d'énergie, nécessitant des solutions innovantes pour réduire leur impact écologique. Des technologies comme le refroidissement liquide des serveurs ou l'utilisation d'énergies renouvelables pour alimenter les infrastructures numériques sont explorées pour limiter leur empreinte carbone.

L'utilisation de l'IA pour optimiser la gestion énergétique des centres de données est également en plein essor. Les algorithmes d'apprentissage automatique peuvent prévoir les pics de consommation, ajuster dynamiquement la charge des serveurs et améliorer l'efficacité énergétique, réduisant ainsi la consommation globale. Cependant, la demande croissante pour les services de cloud computing, les applications basées sur l'IA et les cryptomonnaies contribue à une augmentation inévitable de la consommation d'énergie, ce qui pose des questions sur la durabilité de cette expansion.

Les entreprises technologiques sont de plus en plus conscientes de l'importance de réduire leur empreinte écologique et investissent dans des sources d'énergie renouvelable. Google, par exemple, a annoncé son intention de fonctionner entièrement à l'énergie renouvelable d'ici 2030, tandis que d'autres entreprises cherchent à compenser leur consommation énergétique par des programmes de réduction des émissions de carbone. Néanmoins, les efforts individuels de ces entreprises doivent s'accompagner de politiques publiques et de coopérations internationales pour réduire l'impact énergétique global du numérique.

En conclusion, les technologies propres et l'utilisation de l'IA dans le secteur de l'énergie offrent des perspectives prometteuses pour la réduction de l'empreinte carbone et l'amélioration de l'efficacité énergétique. Toutefois, les défis énergétiques liés à la croissance exponentielle du numérique nécessitent des approches innovantes et une collaboration à grande échelle pour assurer la durabilité à long terme de ces technologies.

Les révolutions numériques de 2025 transforment profondément la société, offrant des opportunités sans précédent tout en introduisant des risques significatifs. Il est impératif d'aborder ces évolutions avec une vigilance accrue, en mettant en place des cadres éthiques et réglementaires robustes

pour assurer une transition harmonieuse vers
ce nouvel âge numérique.

Chapitre 9 : Bio-technologies et génétique

En 2025, les biotechnologies et la génétique continuent de transformer profondément la médecine, l'agriculture et l'industrie. Ces avancées, bien que prometteuses, soulèvent des questions éthiques et sociétales majeures.

1 - Avancées majeures en biotechnologies et génétique

1.1 - Thérapies géniques et maladies rares

Les thérapies géniques ont franchi des étapes significatives, offrant des espoirs concrets pour le traitement de maladies génétiques rares et incurables. Des techniques innovantes comme l'édition génomique CRISPR-Cas9 permettent de corriger des mutations à l'origine de pathologies graves, telles que la dystrophie musculaire de Duchenne ou certaines formes de cécité héréditaire. En mai 2024, la Commission européenne a approuvé le premier projet d'intérêt européen commun visant à soutenir la recherche et l'innovation en thérapie génique, marquant un tournant majeur pour le développement de traitements plus accessibles et plus efficaces.

Par ailleurs, des progrès sont également en cours pour rendre les thérapies géniques plus abordables. Des partenariats entre le secteur public et privé cherchent à réduire les coûts de production et de distribution de ces traitements, afin qu'ils puissent bénéficier à un plus grand nombre de patients, notamment dans les pays en développement. Les thérapies géniques personnalisées, qui visent à adapter les traitements aux mutations génétiques de chaque patient, sont également en plein essor, ouvrant la voie à une médecine de plus en plus précise et efficace.

1.2 - Bio-impression 3D

La bio-impression 3D progresse à un rythme impressionnant, permettant la création de tissus et d'organes fonctionnels à partir de cellules vivantes. Cette technologie révolutionne la médecine régénérative en offrant des alternatives viables aux greffes d'organes, réduisant ainsi la dépendance aux dons, souvent insuffisants pour répondre à la demande. Des avancées notables ont été réalisées dans la bio-impression de peau, de cartilage et même de tissus cardiaques, permettant de traiter des patients souffrant de brûlures graves, de malformations ou de maladies cardiaques.

Les chercheurs travaillent actuellement sur la création d'organes plus complexes, tels que des reins et des foies bio-imprimés, qui pourraient à terme remplacer les greffes traditionnelles. Ces innovations pourraient transformer la vie de milliers de patients en attente de transplantation, en réduisant le risque de rejet et en offrant des solutions personnalisées adaptées aux besoins spécifiques de chaque individu. En outre, la bio-impression 3D ouvre de nouvelles possibilités pour la recherche pharmaceutique, permettant de tester des médicaments sur des tissus humains à une échelle jamais atteinte auparavant, ce qui pourrait accélérer le développement de nouveaux traitements.

1.3 - Désextinction et conservation

Des projets audacieux visent à ressusciter des espèces disparues, comme le dodo ou le mammouth laineux, grâce aux progrès de la génétique et de l'édition génomique. Ces initiatives, bien que controversées, pourraient offrir de nouvelles perspectives pour la conservation des espèces et la lutte contre le changement climatique. La réintroduction d'espèces éteintes dans leurs écosystèmes naturels pourrait contribuer à restaurer les équilibres écologiques perturbés par l'activité humaine, en réintroduisant des prédateurs naturels ou des espèces qui jouent un rôle crucial dans la régénération de leur environnement.

Ces projets soulèvent également des questions éthiques et écologiques importantes : jusqu'où devons-nous aller pour corriger les erreurs du passé ? Quels sont les risques potentiels de ramener des espèces disparues dans des écosystèmes qui ont évolué en leur absence ? Certains experts craignent que la désextinction puisse détourner l'attention et les ressources de la conservation des espèces menacées existantes. Cependant, les défenseurs de ces projets estiment qu'ils pourraient nous permettre de mieux comprendre la biologie des espèces, d'améliorer les techniques de conservation et de renforcer la résilience des écosystèmes face aux changements climatiques.

Les avancées en biotechnologies et en

génétique ouvrent des perspectives incroyables pour la médecine, la conservation et la compréhension des écosystèmes. Cependant, ces innovations soulèvent des questions éthiques complexes qui nécessitent une réflexion collective pour éviter les dérives et garantir que ces technologies soient utilisées de manière responsable et équitable.

2 – Défis éthiques et réglementaires

2.1 – Édition génétique et implications intergénérationnelles

L'édition génétique, en particulier lorsqu'elle est appliquée aux cellules germinales (ovules, spermatozoïdes, ou embryons), soulève des questions éthiques majeures concernant les modifications transmissibles aux générations futures. Ces modifications, une fois introduites, peuvent potentiellement altérer l'ensemble du patrimoine génétique d'une lignée, avec des conséquences imprévisibles sur la santé et l'évolution de l'espèce humaine. Les débats éthiques se concentrent sur la question du consentement (les futures générations ne peuvent consentir), la sécurité des techniques employées, et les implications sociétales de telles interventions, qui pourraient renforcer les inégalités ou être utilisées à des fins non thérapeutiques, telles que l'amélioration des capacités humaines ("bébés sur mesure").

Les avancées dans la technologie CRISPR-Cas9 (outil d'édition génomique qui permet de réaliser des modifications ciblées du matériel génétique d'une cellule) ont permis des progrès significatifs, mais également déclenché des débats intenses sur les implications morales. Certains scientifiques et bioéthiciens soutiennent que l'édition génétique pourrait être une solution pour éradiquer des maladies graves héréditaires, tandis que d'autres préviennent contre une pente glissante vers l'eugénisme et la création de "castes génétiques" où seules certaines populations pourraient bénéficier de ces avancées. Des cadres éthiques solides sont donc nécessaires pour définir les limites acceptables et éviter des dérives potentiellement dangereuses.

2.2 – Accès équitable aux technologies génétiques

Les avancées en biotechnologies, bien que prometteuses, posent la question de l'accès équitable aux traitements coûteux qu'elles génèrent. Les thérapies géniques et autres interventions fondées sur l'édition génétique demeurent coûteuses à produire et à distribuer, ce qui limite leur accessibilité aux patients qui en auraient le plus besoin, notamment dans les pays à faible revenu. Assurer une distribution juste des bénéfices de ces innovations est un défi majeur pour les systèmes de santé, et implique la nécessité d'une coopération internationale.

Certains défendent la création de programmes de subventions et d'initiatives de solidarité pour rendre ces traitements disponibles aux populations défavorisées, ainsi que des politiques publiques visant à réduire le coût de production et à encourager la recherche sur des solutions plus accessibles. Les entreprises privées doivent également être incitées à collaborer avec les états et les ONG pour garantir que les biotechnologies ne soient pas seulement réservées aux élites des pays développés, mais qu'elles puissent bénéficier à tous les patients, quel que soit leur niveau de vie ou leur lieu de naissance.

2.3 – Régulation de la modification génétique humaine

La modification génétique chez l'humain

nécessite un cadre juridique rigoureux et adapté pour prévenir les dérives éthiques et protéger l'intégrité du patrimoine génétique humain. Sans régulation adéquate, des pratiques comme l'eugénisme, où l'on chercherait à créer des individus élites génétiquement modifiés, pourraient se développer, menaçant les principes d'égalité et de dignité humaine.

La mise en place d'une réglementation harmonisée au niveau international est essentielle pour éviter que certains pays ne deviennent des "paradis de la modification génétique" où les pratiques éthiquement discutables pourraient être menées sans contrôle. Des organisations telles que l'OMS, l'UNESCO, et des comités nationaux d'éthique travaillent à élaborer des normes mondiales qui encadrent ces pratiques, tout en respectant la souveraineté des États. La transparence, la responsabilité et la participation du public sont des éléments cruciaux pour garantir que les innovations en génétique soient employées dans l'intérêt de tous.

Les avancées en biotechnologies et en édition génétique offrent des perspectives immenses pour améliorer la santé humaine et combattre les maladies génétiques. Toutefois, elles doivent s'accompagner d'un cadre éthique et réglementaire solide pour garantir que ces technologies soient utilisées de manière équitable et responsable, tout en protégeant les valeurs fondamentales de l'humanité.

3 - Applications industrielles et agricoles

3.1 - Organismes génétiquement modifiés (OGM)

Les biotechnologies permettent la création de plantes génétiquement modifiées pour résister aux maladies, aux insectes nuisibles et aux conditions climatiques extrêmes, telles que la sécheresse ou la salinité des sols. Ces OGM offrent des avantages considérables en termes de rendement agricole, de réduction de l'utilisation des pesticides, et de sécurité alimentaire dans les régions les plus vulnérables. Par exemple, des variétés de riz enrichies en vitamine A, telles que le "riz doré", visent à lutter contre les carences nutritionnelles dans les pays en développement.

Cependant, ces innovations suscitent des débats sur leur impact environnemental et leur acceptabilité sociale. Les critiques des OGM craignent la contamination des cultures traditionnelles par des gènes modifiés, la perte de biodiversité et la dépendance accrue des agriculteurs envers les grandes entreprises semencières qui détiennent les brevets sur ces variétés. En outre, des interrogations subsistent quant aux effets à long terme des OGM sur la santé humaine et animale. Ces préoccupations alimentent la résistance sociale à l'utilisation des OGM, en particulier en Europe, où de nombreux consommateurs et producteurs préfèrent des pratiques agricoles non modifiées génétiquement.

Pour répondre à ces enjeux, des cadres réglementaires stricts ont été mis en place dans plusieurs régions du monde pour évaluer l'impact environnemental et sanitaire des OGM. La recherche sur des approches alternatives, pourrait offrir une voie pour dépasser certains des obstacles liés à l'acceptabilité des OGM traditionnels.

3.2 – Biotechnologies industrielles

L'utilisation de micro-organismes génétiquement modifiés (GM) dans l'industrie facilite la production de biocarburants, de médicaments, et de matériaux biodégradables, contribuant ainsi à une économie plus durable. Les biotechnologies industrielles permettent d'utiliser des procédés plus respectueux de l'environnement, en substituant des produits chimiques toxiques par des enzymes naturelles et en valorisant les déchets agricoles pour produire de l'énergie ou des matériaux.

Par exemple, des souches de levures ou de bactéries modifiées sont utilisées pour convertir des matières premières renouvelables, telles que la biomasse, en biocarburants (comme l'éthanol ou le biodiesel), réduisant ainsi la dépendance aux énergies fossiles. Dans le domaine pharmaceutique, les micro-organismes modifiés produisent des médicaments essentiels, tels que l'insuline, ou des vaccins, de manière plus efficace et à moindre coût.

La production de matériaux biodégradables grâce aux biotechnologies constitue une autre avancée importante pour réduire l'impact des déchets plastiques sur l'environnement. Des entreprises travaillent sur la création de polymères biodégradables à partir de ressources naturelles, qui peuvent se décomposer plus rapidement que les plastiques traditionnels et contribuer à la réduction de la pollution des océans.

Toutefois, l'utilisation de micro-organismes génétiquement modifiés pose également des questions de sécurité et de régulation. Il est crucial de s'assurer que ces organismes ne se propagent pas de manière incontrôlée dans l'environnement, où ils pourraient perturber les écosystèmes naturels. Les autorités réglementaires doivent donc établir des normes rigoureuses pour encadrer leur utilisation et minimiser les risques potentiels pour la santé publique et l'environnement.

Les applications industrielles et agricoles des biotechnologies offrent des solutions prometteuses pour répondre aux défis liés à la sécurité alimentaire, à la durabilité des ressources et à la réduction de l'impact environnemental. Toutefois, ces avancées doivent être accompagnées de mesures éthiques et réglementaires appropriées pour garantir une utilisation responsable et équitable des biotechnologies, tout en préservant la biodiversité et la sécurité des écosystèmes.

4 - Perspectives futures

Les biotechnologies et la génétique offrent des perspectives prometteuses pour la santé, l'agriculture et l'industrie, révolutionnant la manière dont nous abordons certains des plus grands défis mondiaux, tels que les maladies incurables, la sécurité alimentaire et la durabilité des ressources. En médecine, les avancées en thérapie génique, en édition génomique et en bio-impression 3D laissent entrevoir un avenir où les traitements seront personnalisés, plus efficaces et accessibles, avec la possibilité de guérir des maladies génétiques qui étaient auparavant incurables. Dans l'agriculture, les plantes génétiquement modifiées et les nouvelles techniques d'édition génomique, telles que CRISPR-Cas9, pourraient aider à résoudre les problèmes liés à la sécheresse, aux maladies des cultures et aux carences nutritionnelles, en contribuant ainsi à la sécurité alimentaire mondiale.

De plus, l'industrie bénéficie également de ces technologies, avec des processus de fabrication plus propres et plus efficaces, utilisant des micro-organismes modifiés pour produire des biocarburants, des matériaux biodégradables, et des médicaments. Ces innovations peuvent contribuer à la transition vers une économie circulaire et durable, réduisant notre dépendance aux combustibles fossiles et minimisant l'impact environnemental de l'industrie.

Toutefois, il est essentiel de développer des cadres éthiques et réglementaires robustes pour encadrer ces avancées et garantir qu'elles bénéficient équitablement à l'ensemble de la société. Les questions d'accès à ces technologies, de consentement des populations concernées, et de protection contre les abus ou dérives (comme l'eugénisme ou la biopiraterie) sont centrales. Il est crucial d'éviter que les innovations biotechnologiques ne creusent davantage les inégalités entre les pays riches et les pays pauvres, ou entre différentes classes sociales à l'intérieur d'un même pays. L'accès équitable aux bénéfices des biotechnologies, notamment en ce qui concerne les thérapies géniques et les semences améliorées, doit être un objectif prioritaire.

La collaboration entre scientifiques, décideurs politiques, régulateurs et citoyens sera cruciale pour naviguer dans ces évolutions complexes et assurer un avenir éthique et durable. Les scientifiques doivent jouer un rôle actif dans la sensibilisation du public aux potentiels et aux limites des biotechnologies, tandis que les décideurs politiques doivent travailler à élaborer des lois adaptées et transparentes, permettant à ces innovations de se développer tout en minimisant les risques. Enfin, les citoyens doivent être pleinement impliqués dans les discussions, car les choix éthiques liés à l'utilisation de ces technologies affecteront toute la société et les générations futures.

En conclusion, les biotechnologies et la génétique ont le potentiel de transformer positivement nos sociétés en apportant des solutions aux grands défis de la santé, de l'environnement et de l'agriculture. Cependant, ces avancées doivent s'accompagner d'une vigilance éthique accrue et d'une gouvernance collaborative pour garantir qu'elles soient déployées de manière responsable, équitable et durable.

Chapitre 10 : Technologie et gouvernance mondiale

En 2025, la convergence rapide des technologies numériques et des dynamiques géopolitiques redéfinit la gouvernance mondiale. Les avancées en intelligence artificielle (IA), la cybersécurité, la souveraineté numérique et la régulation des technologies émergentes sont au cœur des préoccupations internationales.

1. Intelligence Artificielle et géopolitique

1.1. Course à l'IA entre grandes puissances

Les États-Unis et la Chine intensifient leurs investissements en IA, cherchant à dominer ce secteur stratégique qui est devenu un levier essentiel pour la puissance économique, militaire et politique. Cette compétition technologique influe de manière significative sur les relations internationales et soulève des questions sur la sécurité mondiale et l'équilibre des pouvoirs. Les États-Unis misent sur des acteurs privés tels que Google, Microsoft et OpenAI, qui développent des technologies de pointe en IA, tout en renforçant les partenariats avec le gouvernement pour des applications en sécurité nationale. De leur côté, la Chine investit massivement dans la recherche en IA à travers un soutien direct de l'État, visant à devenir le leader mondial d'ici 2030. Elle s'appuie sur des champions nationaux comme Huawei, Baidu et Alibaba, tout en intégrant l'IA dans des projets tels que la "Sécurité nationale" et le "Crédit social", ce qui suscite des préoccupations quant aux droits humains et aux libertés individuelles.

Cette compétition ne se limite pas à la course à l'innovation technologique. Elle est aussi une question de positionnement stratégique sur les standards internationaux et les règulations encadrant l'utilisation de l'IA. Le leadership sur ces normes pourrait permettre à une puissance d'imposer ses valeurs et ses règles au reste du monde, influençant la manière dont l'IA sera adoptée et utilisée dans des secteurs clés tels que la santé, l'éducation, la défense, et la surveillance. Cela pose des risques pour la sécurité mondiale, car la suprématie de l'IA pourrait déséquilibrer les relations internationales et conduire à une course aux armements dotée de technologies autonomes de plus en plus sophistiquées.

1.2 - Initiatives européennes

L'Europe, consciente de son retard par rapport aux États-Unis et à la Chine, lance des programmes ambitieux pour devenir un leader en IA tout en cherchant à promouvoir une IA éthique et respectueuse des droits fondamentaux. Le cadre réglementaire européen, notamment le Règlement sur l'IA (AI Act), vise à établir des normes éthiques pour encadrer le développement et l'utilisation de l'IA, garantissant ainsi la transparence, la sécurité et le respect de la vie privée. Cette approche éthique pourrait devenir un avantage concurrentiel pour l'Europe, en répondant aux attentes de citoyens de plus en plus soucieux de l'impact des technologies sur leurs libertés.

Des initiatives nationales visent également à renforcer la capacité européenne en matière de recherche et d'innovation. La France, par exemple, ambitionne de former 100 000 personnes par an dans le domaine de l'IA, afin de combler le manque de compétences et de favoriser le développement de projets innovants. Le pays encourage également l'accueil de nouveaux data centers pour renforcer ses infrastructures et garantir une capacité de traitement et de stockage de données à la hauteur des besoins des entreprises technologiques. L'initiative de Xavier Niel, KyutAI, qui est un laboratoire de recherche en IA open source, illustre cette volonté d'innover tout en favorisant la collaboration et l'accès aux connaissances.

L'Allemagne, de son côté, met l'accent sur l'industrie 4.0, intégrant l'IA dans les processus de production et la robotique avancée. Elle investit également dans la recherche en IA appliquée au secteur automobile, avec des projets sur la conduite autonome et l'optimisation de la chaîne d'approvisionnement. L'Union européenne, quant à elle, a mis en place des projets collaboratifs tels que Horizon Europe, qui finance la recherche en IA à l'échelle continentale, encourageant la coopération entre états membres pour rivaliser avec les investissements chinois et américains.

Cependant, les initiatives européennes sont confrontées à plusieurs défis, notamment la fragmentation du marché, le manque de financements comparables à ceux des grandes puissances, et la nécessité de concilier innovation technologique avec des principes éthiques rigoureux. Pour réussir à combler son retard, l'Europe devra renforcer la coopération entre les États membres, mobiliser des financements publics et privés à grande échelle, et créer un écosystème favorable à l'innovation tout en restant fidèle à ses valeurs.

La compétition géopolitique autour de l'IA est une lutte pour le leadership technologique qui façonnera l'avenir des relations internationales. L'Europe, bien qu'en retard, a la possibilité de se positionner en tant que leader d'une IA éthique, à condition de réussir à mobiliser les ressources et les talents nécessaires pour s'imposer face aux deux grandes puissances que sont les États-Unis et la Chine.

2 - Cybersécurité et menaces transnationales

2.1 - Multiplication des cyberattaques

Les cyberattaques sophistiquées se multiplient, menaçant les infrastructures critiques, les données sensibles des entreprises, et les services publics. Des groupes de hackers, souvent appuyés par des États-nations, mènent des opérations ciblées contre des systèmes stratégiques tels que les réseaux énergétiques, les hôpitaux, ou les institutions financières. Ces cyberattaques prennent de plus en plus la forme de ransomwares, d'attaques par déni de service (DDoS) et de piratage de chaînes d'approvisionnement logicielles, compromettant la sécurité des infrastructures au niveau mondial.

Les États, face à ces menaces croissantes, renforcent leur coopération et multiplient les investissements en cybersécurité pour contrer ces attaques. Les efforts se concentrent sur l'amélioration de la résilience des infrastructures critiques, la formation de cyber-unités de défense, et la mise en place de systèmes de détection précoce. Cependant, les défis restent immenses, notamment en raison de la rapidité de l'évolution des menaces, de la diversité des acteurs (qu'ils soient criminels, États-nations ou hacktivistes) et de la difficulté à réguler le cyberespace à l'échelle mondiale. La nature transnationale des cyberattaques complique également la poursuite des responsables, qui peuvent opérer depuis des territoires où les lois en matière de cybercriminalité sont peu restrictives.

2.2 – Initiatives internationales

Face à l'ampleur des cybermenaces, des initiatives internationales voient le jour pour coordonner les efforts en matière de cybersécurité. Des sommets mondiaux, tels que le Global Technology Governance Summit, réunissent gouvernements, entreprises et experts pour élaborer des stratégies communes et établir des standards de cybersécurité. Ces sommets permettent de partager des informations sur les menaces, de promouvoir les meilleures pratiques en matière de protection des données et de renforcer la collaboration publique-privée pour faire face aux cyberattaques.

Parallèlement, des organisations internationales comme l'OTAN et l'Union européenne renforcent leur capacité de défense cybernétique. L'OTAN a mis en place un centre d'excellence en cybersécurité, basé à Tallinn, qui coordonne les stratégies de défense de ses membres et promeut des exercices de simulation d'attaques pour améliorer la préparation des États face aux cybermenaces. De son côté, l'Union européenne a renforcé son régime de sanctions contre les cybercriminels et développé le réseau de centres opérationnels de cybersécurité, visant à améliorer la capacité de réponse en cas de cyberattaque.

Des initiatives privées jouent également un rôle crucial dans la lutte contre les cybermenaces. De grandes entreprises technologiques, telles que Microsoft, Google et IBM, ont mis en place des centres de veille sur la cybersécurité, collaborant avec les gouvernements et les agences de sécurité pour identifier les nouvelles menaces et développer des outils de protection. Ces partenariats permettent d'améliorer la capacité d'intervention face aux attaques et de réagir rapidement en cas de cyberincident majeur.

Malgré ces initiatives, il subsiste de nombreux obstacles à une véritable coopération internationale en matière de cybersécurité. Les divergences d'intérêts entre les pays, les différences de niveaux de développement technologique, et la volonté de certains États de conserver des capacités offensives dans le cyberespace freinent les efforts de coordination. Pour aller de l'avant, il est nécessaire d'établir un cadre international plus contraignant, basé sur la confiance mutuelle et le respect des normes de droit international dans le domaine du cyberespace.

La cybersécurité et la gestion des menaces transnationales restent des enjeux cruciaux pour la stabilité mondiale. L'intensification des cyberattaques et la nécessité d'une coopération renforcée entre les acteurs publics et privés exigent une mobilisation globale, à la fois technologique, politique et juridique, pour faire face aux défis actuels et futurs du cyberespace.

3 – Souveraineté numérique et régulation

3.1 – Protection des données

Les nations adoptent des réglementations de plus en plus strictes pour protéger les données de leurs citoyens, reflétant une volonté de souveraineté numérique face aux géants technologiques mondiaux. Le Règlement Général sur la Protection des Données (RGPD), adopté par l'Union européenne, est devenu une référence mondiale pour encadrer la collecte, le stockage et l'utilisation des données personnelles. Ce cadre vise à garantir la transparence, le consentement des utilisateurs, et la responsabilisation des entreprises quant à la manière dont elles gèrent les informations personnelles.

D'autres pays, comme le Brésil avec sa loi sur la protection des données (LGPD), et la Californie avec le California Consumer Privacy Act (CCPA), suivent l'exemple européen et mettent en place des législations similaires pour assurer la protection des données de leurs citoyens. Ces réglementations reflètent une prise de conscience accrue de l'importance de contrôler l'utilisation des données personnelles dans un monde où la numérisation est omniprésente. La question de la localisation des données devient également cruciale, les gouvernements exigeant que les données sensibles de leurs citoyens soient stockées sur leur territoire pour éviter tout risque d'ingérence étrangère.

3.2 – Régulation des plateformes

L'Union européenne met en place des lois ambitieuses pour encadrer les activités des grandes plateformes numériques, visant à limiter leur influence et à protéger les droits des utilisateurs. Le Digital Services Act (DSA) et le Digital Markets Act (DMA), adoptés respectivement en 2022, constituent des étapes majeures vers la régulation des grandes plateformes. Le DSA impose des obligations de transparence concernant les algorithmes de recommandation, le retrait des contenus illicites, et la lutte contre la désinformation. Quant au DMA, il vise à limiter les pratiques anticoncurrentielles des grandes entreprises technologiques (les "gatekeepers"), telles que Google, Apple, et Amazon, afin de garantir un marché numérique plus équitable.

Ces initiatives européennes visent à rééquilibrer le rapport de force entre les États et les géants du numérique, qui accumulent un pouvoir économique et une influence considérables. En forçant ces entreprises à être plus transparentes et à respecter des règles de concurrence équitable, l'Union européenne espère prévenir les abus de position dominante et protéger les intérêts des consommateurs et des petites entreprises. Ces réglementations servent également de modèle pour d'autres régions du monde qui cherchent à réguler le pouvoir des plateformes numériques sans freiner l'innovation.

3.3 – Souveraineté numérique et défis technologiques

Au-delà de la protection des données et de la régulation des plateformes, la question de la souveraineté numérique englobe aussi le contrôle des infrastructures technologiques essentielles, telles que les réseaux de télécommunication, les data centers, et les services de cloud computing. Les tensions géopolitiques, notamment entre les États-Unis et la Chine, ont mis en évidence la vulnérabilité des pays qui dépendent de fournisseurs étrangers pour leurs infrastructures critiques. C'est dans ce contexte que l'Europe cherche à développer des solutions de cloud souverain, telles que GAIA-X, visant à créer une alternative européenne aux services offerts par les géants américains et chinois.

L'enjeu est de taille : il s'agit de garantir que les données stratégiques des entreprises et des gouvernements européens restent sous leur contrôle, sans risque d'exploitation par des puissances étrangères. La souveraineté numérique n'est pas seulement une question de compétitivité économique, mais aussi de sécurité nationale et de capacité à protéger les intérêts stratégiques dans un monde de plus en plus interconnecté.

La souveraineté numérique et la régulation des plateformes sont des enjeux majeurs pour les nations, cherchant à protéger les données de leurs citoyens, à garantir un marché numérique équitable et à contrôler les infrastructures critiques. Ces démarches, portées par des initiatives comme le RGPD, le DSA et le DMA, visent à rééquilibrer le rapport de force avec les géants du numérique et à préserver la souveraineté économique et politique des États face à des enjeux technologiques de plus en plus complexes.

4 – Gouvernance de l'Internet

4.1 – Débats sur la gestion de l'Internet

La gestion de l'Internet suscite des débats intenses entre les partisans d'une gouvernance multilatérale, impliquant principalement les États et les organisations internationales, et ceux qui prônent une approche multipartite, incluant une multitude d'acteurs tels que les gouvernements, les entreprises privées, les organisations non gouvernementales (ONG), les universités et la société civile. Ces différentes visions traduisent des enjeux de pouvoir sur la manière de réguler un espace qui est devenu essentiel à la vie économique, sociale et politique mondiale.

Les défenseurs d'une approche multilatérale considèrent que l'Internet est une ressource stratégique qui doit être gérée de manière souveraine par les États, avec une régulation renforcée pour éviter toute influence excessive de certaines entreprises privées ou d'autres acteurs transnationaux. En revanche, les partisans d'une gouvernance multipartite estiment que la participation de toutes les parties prenantes est cruciale pour préserver le caractère ouvert, innovant et décentralisé de l'Internet. Ils insistent sur le fait que l'implication des acteurs privés, des universités et de la société civile permet une meilleure réponse aux défis posés par l'évolution rapide des technologies et les questions liées à la liberté d'expression, la neutralité du net et la protection des données personnelles.

4.2 – Initiatives multilatérales

Des initiatives multilatérales ont été proposées pour mieux encadrer la gouvernance de l'Internet. Par exemple, la proposition de l'IBSA (Inde, Brésil, Afrique du Sud) en 2011 visait à placer la gouvernance de l'Internet sous l'égide des Nations Unies, reflétant les tensions entre souveraineté nationale et gestion globale. Cette proposition était motivée par la volonté de donner un rôle plus important aux États dans la gestion des ressources Internet essentielles, telles que les noms de domaine, les adresses IP et la coordination du système des serveurs racines.

Cette proposition, cependant, a suscité des réactions mitigées. Les pays occidentaux, notamment les États-Unis, ont exprimé leur réticence à voir les Nations Unies jouer un rôle trop prépondérant, craignant une bureaucratisation excessive et une restriction des libertés en ligne. Ils ont préféré maintenir la structure multipartite actuelle, qui inclut des organisations telles que l'ICANN (Internet Corporation for Assigned Names and Numbers), un organisme non gouvernemental qui joue un rôle essentiel dans la gestion technique de l'Internet. L'ICANN, bien que privé, fonctionne avec une participation multipartite, intégrant des gouvernements, des acteurs économiques et des représentants de la société civile.

Plus récemment, des initiatives comme le Forum sur la Gouvernance de l'Internet (FGI), créé par les Nations Unies, ont été mises en place pour favoriser le dialogue entre toutes les parties prenantes et trouver des solutions communes aux défis que pose l'Internet. Le FGI est devenu une plateforme essentielle pour discuter des questions telles que la cybersécurité, la réduction de la fracture numérique et la protection des droits humains en ligne. Cependant, le FGI n'a pas de pouvoir décisionnel, ce qui limite sa capacité à faire appliquer les résolutions adoptées.

En parallèle, des alliances régionales se forment pour renforcer la souveraineté numérique et l'autonomie technologique. L'Union européenne, par exemple, a adopté des réglementations strictes sur la protection des données (RGPD) et travaille sur des initiatives visant à garantir une plus grande autonomie numérique pour les États membres. Le projet GAIA-X, qui vise à créer une infrastructure de cloud européen, est un exemple de cette volonté d'échapper à la dépendance envers les géants du cloud américains et chinois.

En conclusion, la gouvernance de l'IA et de l'Internet est un sujet de débats intenses entre les partisans d'une gestion multilatérale, centrée sur les États, et ceux qui prônent une approche multipartite, impliquant tous les acteurs concernés. Les initiatives multilatérales, telles que celles portées par l'IBSA ou le Forum sur la Gouvernance de l'Internet, reflètent la volonté de trouver un équilibre entre souveraineté nationale et gestion collective d'un bien mondial essentiel. Néanmoins, la question de savoir quelle approche prévaudra reste ouverte, alors que l'Internet continue d'évoluer et de jouer un rôle central dans la vie économique, politique et sociale de toutes les nations.

En 2025, la technologie est un vecteur de transformation mondiale, mais elle pose des défis complexes en matière de gouvernance. Une coopération internationale renforcée est essentielle pour assurer que les avancées technologiques servent le bien commun tout en respectant les souverainetés nationales et les droits individuels.

Chapitre 11 : La guerre technologique

En 2025, les technologies ne se contentent plus de transformer nos vies quotidiennes : elles redéfinissent les conflits globaux. De l'intelligence artificielle à la cyberguerre, en passant par la bataille pour les semi-conducteurs, la guerre technologique devient un champ de bataille invisible mais omniprésent, où les lignes de front sont souvent floues.

1 - L'intelligence artificielle : une arme stratégique

1.1 - IA militaire et systèmes autonomes

Les armées du monde entier adoptent l'intelligence artificielle (IA) pour développer des systèmes autonomes, tels que des drones de combat, des robots de reconnaissance et des véhicules terrestres sans pilote, capables de prendre des décisions sans intervention humaine. Ces technologies permettent de réduire les pertes humaines sur le champ de bataille et d'améliorer la précision des opérations militaires. Les États-Unis et la Chine se livrent une course effrénée dans ce domaine, cherchant à obtenir une supériorité technologique décisive qui pourrait redéfinir les équilibres stratégiques mondiaux.

L'utilisation de l'IA dans les systèmes autonomes permet aux forces armées de mener des opérations plus complexes, à grande échelle, et avec une rapidité accrue, tout en minimisant les risques pour les soldats. Les drones de combat, par exemple, sont déjà capables d'évaluer des situations tactiques et de sélectionner des cibles en fonction de critères préprogrammés, sans intervention humaine directe. Cependant, ces innovations posent des défis éthiques majeurs, notamment en ce qui concerne la responsabilité en cas d'erreur ou de dommage collatéral.

Un rapport de Human Rights Watch en 2024 souligne les dangers des "robots tueurs" et appelle à l'élaboration d'un traité international visant à interdire ces armes entièrement autonomes. Ces armes, qui pourraient prendre des décisions de vie ou de mort sans intervention humaine, soulèvent des préoccupations quant à la perte de contrôle sur l'utilisation de la force, ainsi qu'à la possibilité d'une escalade rapide des conflits. De nombreux experts plaident pour un cadre juridique international qui imposerait des limites strictes à l'utilisation de l'IA dans les systèmes d'armement, afin de prévenir les abus et de protéger les populations civiles.

1.2 - L'IA dans la cyberguerre

L'intelligence artificielle est également devenue un élément central de la cyberguerre, utilisée pour détecter et contrer les cyberattaques en temps réel. Les systèmes basés sur l'IA sont capables d'analyser des milliards de données à la recherche de comportements suspects, permettant ainsi de réagir de manière préventive aux tentatives d'intrusion. Les technologies d'apprentissage automatique permettent d'améliorer la précision des détections et d'évoluer face à des menaces toujours plus sophistiquées.

Paradoxalement, les hackers exploitent également l'IA pour créer des cyberattaques plus sophistiquées, augmentant ainsi la complexité des cyberconflits. Les cybercriminels utilisent l'IA pour automatiser la recherche de vulnérabilités dans les systèmes d'information, générer des attaques par force brute à grande échelle, et même personnaliser des campagnes de phishing de manière plus convaincante. Cette évolution crée un jeu du chat et de la souris entre attaquants et défenseurs, chacun essayant de surpasser l'autre en matière de technologie et de réactivité.

Les gouvernements et les entreprises privées investissent massivement dans la cybersécurité pour protéger leurs infrastructures critiques contre ces menaces. Par exemple, les États-Unis ont mis en place des centres d'opérations de cybersécurité utilisant l'IA pour surveiller en continu leurs réseaux et réagir rapidement en cas d'attaque. De plus, des alliances internationales, telles que l'OTAN, renforcent leur coopération en matière de cybersécurité, utilisant l'IA pour partager des informations et coordonner des réponses à des cybermenaces transnationales.

L'IA s'impose comme une arme stratégique dans les domaines militaire et cybernétique, offrant des capacités de décision et de réaction inédites. Toutefois, ces avancées technologiques soulèvent des questions éthiques complexes, notamment en ce qui concerne la responsabilité, le contrôle humain, et le risque de prolifération de technologies de destruction difficilement contrôlables. La communauté internationale doit travailler à l'élaboration de règles claires pour encadrer l'utilisation de l'IA dans les conflits et garantir que ces technologies soient utilisées de manière responsable et conforme au droit humanitaire.

2 - La bataille des semi-conducteurs

2.1 - Une ressource clé

Les semi-conducteurs, éléments indispensables pour les technologies modernes, des smartphones aux supercalculateurs, en passant par les véhicules électriques et les systèmes militaires, sont devenus un enjeu stratégique majeur. Taïwan, principal producteur mondial de semi-conducteurs de pointe, se trouve au cœur des tensions géopolitiques entre les États-Unis et la Chine. La Taiwan Semiconductor Manufacturing Company (TSMC), leader du secteur, fournit des composants critiques aux plus grandes entreprises technologiques américaines et européennes, renforçant l'importance stratégique de l'île.

Face aux sanctions imposées par les États-Unis qui limitent l'accès de la Chine aux technologies de pointe, la Chine investit massivement pour développer sa propre industrie des semi-conducteurs, mais elle reste technologiquement en retard, notamment dans la production des puces les plus avancées. L'objectif de la Chine est d'atteindre une autosuffisance technologique afin de contourner la dépendance envers les fournisseurs étrangers, mais les difficultés pour rattraper des décennies de retard technologique et les contraintes d'approvisionnement en matériaux de haute précision freinent ses ambitions. La guerre économique autour des semi-conducteurs reflète une lutte plus large pour la suprématie technologique et économique entre les grandes puissances.

Pour contrer l'influence de la Chine et garantir la sécurité de ses chaînes d'approvisionnement, les États-Unis ont adopté le CHIPS Act, un programme de subventions destiné à encourager la production nationale de semi-conducteurs et attirer les investissements étrangers, notamment de TSMC et Samsung, qui ont annoncé la construction de nouvelles usines sur le sol américain. En Europe, des initiatives similaires visent à renforcer la production de puces à travers l'European Chips Act, afin de réduire la dépendance aux producteurs asiatiques et d'améliorer la résilience économique face aux chocs géopolitiques.

2.2 - Guerre des talents

La concurrence pour attirer les meilleurs ingénieurs en semi-conducteurs s'intensifie, car la main-d'œuvre qualifiée est essentielle pour soutenir l'innovation dans ce secteur hautement technique. Taïwan, qui abrite des milliers d'ingénieurs spécialisés dans la fabrication de semi-conducteurs, accuse la Chine de débaucher ses talents par le biais de salaires attractifs et d'avantages significatifs, exacerbant ainsi les tensions régionales. La fuite des talents taiwanais vers la Chine est perçue comme une menace à la souveraineté technologique de l'île et a conduit le gouvernement taïwanais à prendre des mesures pour restreindre le transfert des compétences stratégiques.

Les États-Unis, de leur côté, cherchent à rapatrier la production de semi-conducteurs sur leur territoire pour réduire leur dépendance étrangère. Le pays est confronté à une pénurie de talents qualifiés, ce qui l'a poussé à investir dans la formation et à offrir des incitations fiscales pour attirer des experts étrangers. L'objectif est de créer un écosystème capable de soutenir l'ensemble de la chaîne de valeur des semi-conducteurs, depuis la recherche et le développement jusqu'à la fabrication en volume.

En Europe, les initiatives pour attirer les talents se multiplient également. L'Union européenne, dans le cadre de sa stratégie d'autonomie technologique, finance des programmes de formation et de recherche pour créer une nouvelle génération d'ingénieurs en semi-conducteurs. Des partenariats avec les universités et les centres de recherche visent à former des compétences spécifiques nécessaires au développement de technologies de pointe. L'enjeu est de taille : assurer une production européenne de semi-conducteurs compétitive pour réduire la dépendance envers les acteurs asiatiques et américains.

La bataille des semi-conducteurs illustre les enjeux complexes de la compétition mondiale pour la maîtrise des technologies stratégiques.

La capacité à produire des semi-conducteurs de pointe est devenue un élément clé de la souveraineté économique et militaire des grandes puissances. Que ce soit par des investissements massifs, des subventions gouvernementales ou la guerre des talents, les États-Unis, la Chine, Taïwan et l'Europe se livrent une lutte acharnée pour s'assurer une place prépondérante dans cette industrie cruciale pour l'avenir.

3 - Les enjeux éthiques et sociaux

3.1 - Militarisation des technologies civiles

De nombreuses technologies développées à des fins civiles, telles que l'intelligence artificielle, la robotique, et les systèmes de communication, sont de plus en plus militarisées, brouillant la frontière entre innovation et destruction. Les drones, par exemple, initialement conçus pour des missions de cartographie ou de surveillance environnementale, sont aujourd'hui équipés d'armements pour mener des attaques ciblées. Cette dualité suscite des inquiétudes quant à l'impact de ces technologies sur les populations civiles, qui peuvent se retrouver directement exposées aux conséquences de leur utilisation militaire.

Le risque de voir des technologies civiles être réorientées vers des usages militaires soulève des questions éthiques majeures. Par exemple, l'utilisation de la reconnaissance faciale, initialement destinée à des applications de sécurité publique ou commerciale, peut être détournée pour surveiller des populations et cibler des individus précis lors d'opérations militaires. Cela pose un problème particulier en termes de protection des droits humains et de respect de la vie privée, en particulier dans les contextes où la technologie est utilisée à des fins répressives. L'accélération de la militarisation des technologies civiles souligne l'importance de mettre en place des cadres réglementaires clairs et éthiques pour encadrer leur développement et leur utilisation.

3.2 – Risques pour la démocratie

La domination technologique par certaines nations ou entreprises pourrait déséquilibrer les rapports de force mondiaux et miner les principes démocratiques. Les grandes entreprises technologiques, souvent désignées par l'acronyme "Big Tech", possèdent une influence considérable qui peut éroder les valeurs démocratiques à travers la surveillance massive, la manipulation de l'information, et la concentration du pouvoir technologique. Les plateformes numériques, en particulier, jouent un rôle crucial dans la formation de l'opinion publique, et leur capacité à contrôler le flux d'information peut être exploitée pour influencer les élections, censurer des contenus ou propager des discours de haine.

La surveillance massive, facilitée par l'IA, permet aux gouvernements et aux entreprises de collecter et d'analyser des données sur des millions de personnes, souvent sans leur consentement éclairé. Cela peut conduire à des abus de pouvoir, comme la surveillance des opposants politiques, le profilage des minorités, et la répression de mouvements sociaux. La Chine, par exemple, utilise des technologies de surveillance pour mettre en place un système de "crédit social" qui évalue le comportement des citoyens et peut limiter leurs libertés en fonction de leur "note". Ce type de contrôle pose un risque considérable pour la démocratie et les droits individuels.

De plus, la manipulation de l'information à travers des technologies avancées, telles que les deepfakes, permet de créer des contenus audio et vidéo falsifiés qui sont très difficiles à distinguer des contenus authentiques. Ces techniques peuvent être utilisées pour diffamer des personnalités publiques, influencer des élections, ou propager de fausses nouvelles, contribuant à la polarisation sociale et au discrédit des institutions. Les démocraties sont particulièrement vulnérables à ces manipulations, car elles reposent sur un écosystème informationnel libre et diversifié.

La concentration du pouvoir technologique entre les mains de quelques états ou entreprises augmente également le risque de dépendance pour les autres nations. L'accès aux infrastructures critiques, telles que les centres de données, les réseaux de communication, ou les plateformes numériques, peut être limité ou contrôlé par des acteurs ayant des intérêts divergents, compromettant ainsi la souveraineté numérique des pays et la capacité des citoyens à exercer leurs droits en ligne.

En conclusion, les enjeux éthiques et sociaux liés à l'évolution rapide des technologies posent des défis majeurs pour la protection des droits individuels et le maintien des principes démocratiques. La militarisation des technologies civiles et la concentration du pouvoir technologique doivent être rigoureusement encadrées pour éviter les dérives et assurer que l'innovation bénéficie à l'ensemble de la société, tout en préservant les libertés fondamentales.

Partie 4
Perspectives philosophiques et mystiques

Chapitre 12 : Spiritualité et astrologie

En 2025, la quête de spiritualité connaît un regain sans précédent en France. Dans un monde marqué par des incertitudes économiques, climatiques et sociétales, les pratiques spirituelles alternatives, dont l'astrologie, deviennent des refuges pour des millions de personnes. Entre tradition et modernité, ces disciplines redéfinissent la manière dont les Français cherchent à donner du sens à leur existence.

1 - L'essor de l'astrologie : entre science et croyance

1.1 - Une popularité renouvelée

L'astrologie, autrefois marginalisée et souvent considérée comme une pseudoscience, connaît aujourd'hui un engouement massif, notamment auprès des jeunes générations. Près de 40 % des Français déclarent y accorder une certaine crédibilité, un chiffre qui grimpe à 60 % chez les 18-34 ans. Les applications astrologiques telles que Co-Star, The Pattern ou

Sanctuary enregistrent des millions d'utilisateurs, démocratisant une pratique autrefois réservée aux magazines et aux consultations privées. Ces applications, basées sur des algorithmes sophistiqués, permettent une personnalisation accrue des prédictions, ce qui contribue à renforcer l'intérêt pour cette discipline.

Les réseaux sociaux, notamment TikTok, Instagram et YouTube, jouent un rôle clé dans cet essor. Les "astro-fluenceurs" – des créateurs de contenu spécialisés en astrologie – décryptent les thèmes astraux, analysent les transits planétaires, et offrent des conseils adaptés à chaque signe zodiacal, touchant un public diversifié et souvent novice. Ces plateformes offrent une expérience interactive et communautaire, où les utilisateurs peuvent poser des questions, partager leurs expériences, et même participer à des lives où les influencés réalisent des interprétations en direct. L'astrologie devient ainsi un espace de socialisation et d'échange, renforçant son attractivité pour les jeunes à la recherche de sens et de communauté.

Cette popularité renouvelée est également soutenue par un contexte de crise mondiale marqué par des incertitudes économiques, climatiques et sanitaires. Face à un avenir incertain, l'astrologie offre une forme de réconfort, permettant de trouver des repères et de comprendre les événements personnels à travers le prisme des alignements planétaires. Elle propose une interprétation des émotions et des énergies qui aide à donner du sens à l'expérience humaine, notamment en ces périodes de doutes.

1.2 - Une alternative à la religion traditionnelle

Pour beaucoup, l'astrologie n'est pas seulement un outil de prédiction, mais un moyen de se reconnecter à soi-même et de mieux comprendre sa place dans l'univers. Contrairement aux dogmes religieux, elle offre une approche personnalisée, centrée sur l'individu et ses caractéristiques uniques, fondée sur des aspects tels que le signe solaire, le signe lunaire et l'ascendant. Cette flexibilité attire notamment les personnes désillusionnées par les institutions religieuses classiques, en quête de spiritualité sans contrainte.

L'astrologie moderne se présente comme une forme de spiritualité non institutionnelle qui ne requiert ni adhésion à des croyances préétablies ni participation à des rituels collectifs. Elle se concentre sur le développement personnel, la prise de conscience des cycles de la vie et l'harmonie entre l'être humain et le cosmos. Cette approche attire une jeunesse qui se défie des institutions et qui aspire à une plus grande autonomie dans la gestion de sa spiritualité.

L'essor de l'astrologie coïncide également avec une crise de la foi dans les sociétés occidentales, marquée par un recul de la pratique religieuse traditionnelle et une remise en question des dogmes. En offrant un système symbolique qui permet d'interpréter sa vie personnelle sans engagement dogmatique, l'astrologie comble un vide spirituel pour ceux qui souhaitent une connexion plus intuitive avec le monde qui les entoure. De plus, elle permet une introspection qui, pour beaucoup, est perçue comme une forme de guidance spirituelle, sans pour autant imposer de moralité ou de jugement.

L'astrologie s'impose aujourd'hui comme une alternative aux formes traditionnelles de spiritualité, offrant une approche adaptée aux besoins des individus en quête de sens, d'appartenance et de repères dans un monde en constante évolution. Son succès réside dans sa capacité à évoluer avec son temps, en s'appuyant sur les technologies modernes et en répondant aux préoccupations contemporaines des jeunes générations.

2 - Nouvelles pratiques spirituelles : entre tradition et modernité

2.1 - La résurgence du chamanisme

Le chamanisme, longtemps perçu comme une pratique exotique et marginale, se réinvente aujourd'hui en France et en Occident. Des retraites de "réveil des consciences", intégrant des rituels chamaniques, des séances de respiration profonde, et des cérémonies de plantes sacrées comme l'ayahuasca, attirent une clientèle en quête de transformation intérieure. Ces pratiques, souvent inspirées des traditions amérindiennes, amazoniennes, et sibériennes, répondent à un besoin d'authenticité et de reconnexion à la nature, dans un monde de plus en plus numérisé et déconnecté des cycles naturels.

Le chamanisme moderne est présenté comme une voie de guérison holistique, qui vise non seulement le bien-être physique, mais aussi la guérison émotionnelle et spirituelle. Les participants à ces retraites cherchent souvent à surmonter des traumatismes, à réduire le stress ou à répondre à des questions existentielles. Les rituels chamaniques, comme les cérémonies de tambour ou les voyages intérieurs guidés, permettent d'atteindre des états modifiés de conscience et de renouer avec des parties profondes de soi-même. Cette réinvention du chamanisme attire une clientèle variée, allant des cadres stressés à la recherche de paix intérieure, aux jeunes urbains en quête de sens et de spiritualité plus ancrée dans la nature.

Par ailleurs, ces pratiques s'accompagnent souvent d'un discours sur la protection de l'environnement et la nécessité de rééquilibrer la relation entre l'humain et la nature. Le chamanisme devient ainsi un vecteur de prise de conscience écologique, où la spiritualité s'entrelace avec des valeurs de respect de la Terre et de ses écosystèmes. Cette dimension écospirituelle participe à l'engouement pour des pratiques qui évoquent l'harmonie entre l'individu et son environnement.

2.2 – La sorcellerie : un féminisme spirituel

La sorcellerie moderne séduit un public croissant, principalement composé de jeunes femmes qui voient en elle un moyen de se réapproprier leur pouvoir personnel. Ces nouvelles "sorcières" organisent des cercles de rituels, des cérémonies sous la pleine lune, et revendiquent une spiritualité émancipatrice, loin des carcans patriarcaux et des dogmes religieux traditionnels. La sorcellerie est perçue comme une forme de rébellion spirituelle et politique, permettant aux femmes de redéfinir leur rapport au sacré, à la nature, et à leur propre corps.

Des pratiques comme la lithothérapie (utilisation des cristaux pour leurs vertus énergétiques), la manifestation (visualisation d'objectifs pour les attirer dans la réalité), ou encore la divination par les tarots deviennent des outils d'empowerment (autonomisation) personnel. Ces pratiques offrent un espace de liberté où les femmes peuvent explorer leur intuition, se connecter à leurs émotions, et s'affranchir des rôles imposés par la société. La sorcellerie moderne est ainsi souvent liée à des mouvements féministes qui valorisent l'autonomie, la solidarité entre femmes, et la réappropriation des savoirs ancestraux.

Les réseaux sociaux ont également joué un rôle essentiel dans la popularisation de la sorcellerie. Instagram, TikTok, et YouTube regorgent de contenu produit par des "witchtokers" qui partagent leurs connaissances sur les plantes, les rituels, et les symboles magiques. Ces plateformes permettent de créer des communautés virtuelles où les "sorcières" peuvent se soutenir mutuellement, échanger des astuces et des expériences, et se sentir connectées à une tradition qui leur permet de retrouver leur pouvoir personnel. Cette sorcellerie 2.0 est perçue comme un moyen de guérison et d'autonomisation, en particulier dans un contexte où les jeunes femmes cherchent à se libérer des normes sociétales contraignantes.

Les nouvelles pratiques spirituelles, qu'il s'agisse du chamanisme ou de la sorcellerie, incarnent un mélange de tradition et de modernité. Elles répondent à des besoins contemporains de reconnexion à soi, à la nature, et aux autres, tout en offrant des alternatives aux systèmes spirituels traditionnels perçus comme éloignés des réalités individuelles. Ces pratiques spirituelles réinventées deviennent des vecteurs de transformation personnelle et collective, qui reflètent les aspirations des jeunes générations à une spiritualité plus inclusive, autonome et ancrée dans le présent.

3 - Astrologie 2025 : prédictions et alignements cosmiques

3.1 - Une année sous le signe du changement

Les astrologues prédisent une année de bouleversements majeurs. L'entrée de Pluton en Verseau marque le début d'une période de révolution technologique et sociale, avec des transformations profondes dans les domaines de la communication, de l'énergie et de l'organisation collective. Pluton, symbolisant la destruction et la renaissance, pousse à l'abandon des structures obsolètes pour permettre l'émergence de nouvelles idées et de systèmes plus équitables. Cette transition est à la fois prometteuse, car elle ouvre la voie à des avancées significatives, mais aussi tumultueuse, en raison des tensions collectives qui pourraient surgir face aux résistances au changement.

Saturne en Poissons, quant à lui, invite à une introspection profonde et à une exploration des dimensions spirituelles et émotionnelles. Saturne, planète de la discipline et des limites, en Poissons, signe d'eau relié à l'intuition, la spiritualité et l'imaginaire, encourage les individus à repenser leurs priorités, à se libérer des illusions et à trouver des moyens plus authentiques de se connecter à eux-mêmes et aux autres. Cela pourrait se traduire par un regain d'intérêt pour les pratiques de bien-être, la méditation, ou même un changement des valeurs sociétales vers une plus grande solidarité et compassion.

3.2 – Dates clés et événements cosmiques

28 février 2025 : Alignement de sept planètes – Cet événement rare est perçu par les astrologues comme une opportunité d'introspection et de créativité. Lorsque plusieurs planètes s'alignent, les énergies s'intensifient et créent un potentiel unique pour la transformation personnelle et collective. Les secteurs liés à la création, à l'art et à la recherche d'idées innovantes devraient particulièrement bénéficier de cet alignement, incitant les individus à explorer de nouvelles approches et à sortir des sentiers battus.

14 mars 2025 : Éclipse totale de Lune en Vierge – Cette éclipse, associée à Saturne et Uranus, est un événement astrologique marquant qui

promet des avancées structurelles dans les domaines scientifiques, écologiques et sanitaires. La Vierge, signe associé à l'organisation, la santé et le dévouement, combinée à l'énergie révolutionnaire d'Uranus et à la discipline de Saturne, suggère une période de réorganisation, d'optimisation et de renforcement des bases existantes. Cette éclipse est également perçue comme un moment propice pour abandonner les vieilles habitudes qui ne servent plus et embrasser de nouvelles manières de vivre en harmonie avec la nature.

Ces alignements nourrissent un regain d'intérêt pour l'astrologie, non seulement parmi le grand public, mais aussi dans les cercles entrepreneuriaux et créatifs, qui y trouvent des inspirations pour planifier projets et décisions. En utilisant ces dates clés comme des jalons, de nombreux entrepreneurs cherchent à synchroniser leurs lancements et à maximiser leurs chances de succès en s'appuyant sur les énergies astrologiques.

3.3 – Les prédictions de Nostradamus

Les prédictions de Nostradamus continuent de fasciner, notamment en 2025, où certains de ses quatrains semblent correspondre à des événements présents ou futurs. Nostradamus mentionne un "jardin du monde" qui, pour certains analystes, ferait référence à la forêt amazonienne, poumon de la planète et symbole de biodiversité. Le "bassin" qu'il évoque pourrait être le bassin amazonien, tandis que les "montagnes" renverraient aux Andes, une région volcanique où les volcans Parinacota et Pomerape sont encore actifs. En employant le terme de "soufre", Nostradamus semble prédire une éruption volcanique imminente dans cette région, suscitant des inquiétudes quant à l'impact environnemental et humain.

Autre prédiction inquiétante : "Par une longue guerre, tout l'armée est épuisée / De sorte qu'ils ne trouvent pas d'argent pour les soldats / Au lieu d'or ou d'argent, ils viendront frapper du cuir / du laiton gaulois et le signe du croissant de la lune". Certains y voient une référence au conflit en Ukraine, qui pourrait évoluer vers une situation encore plus critique. Les termes "Gaulois" et "croissant de lune" sont interprétés par certains comme impliquant la France et la Turquie dans un conflit global, potentiellement annonciateur d'une troisième guerre mondiale. Ce quatrain laisse entendre que les ressources financières et économiques pourraient être fortement mises à mal, au point que les états devront recourir à des méthodes alternatives pour subvenir aux besoins de leurs armées.

En dépit de la précision parfois obscure des prédictions de Nostradamus, leur interprétation nourrit les discussions autour des événements mondiaux et du futur incertain. Pour certains, ces prédictions sont une source d'alerte, tandis que pour d'autres, elles ne font que référer à des cycles récurrents de l'histoire humaine, où les moments de crise et de résolution se succèdent inévitablement.

4 - Les dangers de la "conspiritualité"

4.1 - Une dérive inquiétante

Le phénomène de "conspiritualité", qui mêle croyances spirituelles et théories du complot, se répand rapidement en ligne. Cette mouvance, qui associe souvent des idées de bien-être et de développement personnel à une méfiance prononcée envers les institutions gouvernementales, médicales et scientifiques, a gagné en visibilité au cours des dernières années. Des figures influentes du mouvement diffusent des messages alternant entre la recherche d'éveil spirituel et la promotion de théories complotistes, allant de la contestation des vaccins à des accusations sur des réseaux secrets de contrôle mondial.

Ce mouvement a été renforcé par la pandémie de COVID-19, qui a suscité de nombreuses peurs et incertitudes. La conjonction de ces événements a permis à la "conspiritualité" de prospérer, en offrant des réponses simples à des problèmes complexes, tout en capitalisant sur la défiance croissante envers les institutions. Certains leaders spirituels, qui se présentent comme des "guérisseurs" ou des "guides éveillés", ont su exploiter la vulnérabilité des personnes en quête de sens pour leur proposer des explications mystiques et conspirationnistes, souvent présentées comme des vérités cachées que "l'élite" chercherait à dissimuler.

Cette combinaison de croyances spirituelles et de défiance envers la science a également contribué à l'émergence de comportements sectaires, où les adeptes sont encouragés à rejeter tout discours contradictoire et à s'isoler des personnes n'adhérant pas aux mêmes idées. Les conséquences peuvent être graves, avec des individus renonçant à des soins médicaux essentiels, rejetant la vaccination ou même se livrant à des actions illégales ou violentes motivées par des croyances conspirationnistes. Ces dérives inquiètent les experts, car elles menacent non seulement la santé publique, mais aussi la cohésion sociale, en renforçant la polarisation et la division au sein des communautés.

4.2 - La vigilance nécessaire

Face à ces dérives, des associations, des collectifs citoyens, et des chercheurs travaillent activement à sensibiliser le public aux dangers de la "conspiritualité". Ces acteurs mettent en place des campagnes d'information et des initiatives pédagogiques visant à encourager une pratique spirituelle éclairée, fondée sur l'esprit critique et le respect des faits scientifiques. Des associations comme l'UNADFI (Union Nationale des Associations de Défense des Familles et de l'Individu) alertent sur les mécanismes de manipulation mentale et sur la nécessité de rester vigilant face aux discours qui promettent des révélations "extraordinaires" ou une "guérison miracle".

Le développement de la littératie médiatique est un autre outil crucial pour lutter contre la "conspiritualité". Apprendre à distinguer les sources fiables des fausses informations, comprendre les mécanismes des biais cognitifs, et développer un esprit critique face aux théories du complot sont des compétences de plus en plus enseignées, notamment à travers des programmes éducatifs ou des ateliers organisés par des collectifs. La formation des professionnels de la santé et des travailleurs sociaux est également un élément clé, afin qu'ils puissent identifier et accompagner les personnes vulnérables face à ces dérives.

De plus, des plateformes comme YouTube, Instagram et Facebook ont commencé à réguler davantage les contenus liés aux théories conspirationnistes. Bien que ces efforts restent parfois insuffisants, ils témoignent d'une prise de conscience de la part des entreprises technologiques de leur rôle dans la diffusion de ces idées. Des collaborations entre ces plateformes, des organisations de fact-checking et des autorités publiques sont nécessaires pour limiter la portée des contenus qui propagent la "conspiritualité" tout en préservant la liberté d'expression.

La "conspiritualité" représente un danger réel pour la santé publique et la cohésion sociale.

Pour contrer cette menace, il est essentiel de promouvoir une spiritualité critique, basée sur la recherche de la vérité et l'ouverture au dialogue, ainsi que d'encourager l'éducation aux médias et la vigilance collective face aux discours manipulateurs. Seule une approche collective, alliant sensibilisation, éducation et régulation, permettra de réduire l'influence de ces mouvements et de préserver un climat social apaisé et respectueux des faits.

En 2025, la spiritualité et l'astrologie reflètent une quête universelle de sens et d'appartenance. Si ces pratiques offrent des ressources précieuses pour surmonter les crises, elles nécessitent un encadrement éthique pour éviter les dérives. Loin d'être un simple phénomène de mode, elles incarnent un mouvement profond, révélateur des besoins spirituels et émotionnels de notre époque.

Chapitre 13 : La Philosophie face aux crises globales

En 2025, l'humanité est confrontée à des crises globales d'une ampleur inédite : dérèglement climatique, conflits géopolitiques, effondrement de la biodiversité, et fractures sociales. Face à ces défis, la philosophie, discipline millénaire, propose des outils précieux pour penser ces bouleversements, questionner nos modèles et envisager des solutions durables.

1 - La notion de crise en philosophie

1.1 - Une étymologie révélatrice

Le mot "crise" dérive du grec krisis, qui signifie "jugement", "séparation" ou "décision". Cette étymologie souligne le caractère crucial de la crise comme moment de discernement et de choix. Dans ce sens, une crise est un moment de vérité, une bifurcation où des choix doivent être faits, et où l'on est confronté à des décisions qui peuvent transformer radicalement la trajectoire d'un individu, d'une société, ou même de l'humanité tout entière. La philosophie invite à percevoir ces périodes non seulement comme des menaces ou des ruptures, mais aussi comme des opportunités de transformation, de renouveau, et de reconfiguration des valeurs et des structures.

Ainsi, la crise, dans son essence, porte en elle la promesse d'un changement possible, souvent nécessaire. Elle implique une réflexion critique sur ce qui doit être conservé et sur ce qui doit être modifié. Ce potentiel de transformation est ce qui fait de la crise un moment privilégié pour interroger nos certitudes et pour redéfinir notre rapport au monde.

1.2 - Les crises comme révélateurs

Pour des penseurs comme Michel Foucault, les crises révèlent les failles structurelles des systèmes dominants. Elles ne sont pas de simples perturbations temporaires, mais des moments où les contradictions d'un modèle économique, politique, ou social deviennent évidentes. Foucault considérait que les crises exposent les limites et les faiblesses des institutions, incitant ainsi à repenser les fondements mêmes de nos sociétés. Une crise peut être un catalyseur pour la critique des structures de pouvoir, une invitation à explorer des alternatives et à envisager de nouvelles configurations sociales.

Edgar Morin, quant à lui, propose une lecture plus systémique et holistique de la crise. Pour Morin, la crise n'est pas seulement un problème à résoudre, mais un phénomène complexe et interconnecté qu'il faut comprendre dans toute sa richesse et sa pluralité. Il décrit la crise comme un moment où les différentes dimensions de la réalité s'entrecroisent : l'économique, le politique, le culturel, le social et le psychologique. Dans cette perspective, une crise est à la fois un moment de désordre et un moment de potentiel créatif, un point de bascule où des éléments épars peuvent se recombiner pour donner naissance à de nouvelles formes de vie sociale.

Pour des philosophes comme Hannah Arendt, la crise offre aussi une occasion de penser la responsabilité individuelle et collective. Arendt souligne que les crises peuvent être des moments d'éveil politique, où les citoyens sont appelés à réfléchir aux valeurs fondamentales de la démocratie et à agir en conséquence. La crise devient alors un terrain fertile pour la réflexion éthique et pour la redécouverte de la capacité d'agir et de transformer le monde.

La philosophie, en abordant la crise comme un révélateur, met en lumière son potentiel d'émancipation et de réinvention. Les crises sont des moments qui nous poussent à faire face à nos peurs, à nos contradictions, mais également à notre capacité à répondre avec créativité et courage. Elles sont une invitation à la complexité, une occasion d'embrasser l'incertitude et de redéfinir nos valeurs, nos systèmes et nos manières d'être au monde.

2 – L'éthique de la résilience

2.1 – La résilience, un concept clé

Initialement issu des sciences physiques, le concept de résilience s'est imposé en philosophie, en psychologie et en sciences sociales comme une réponse pertinente aux chocs et aux bouleversements. En physique, la résilience désigne la capacité d'un matériau à retrouver sa forme après une déformation. Transposée aux individus et aux sociétés, la résilience ne se résume pas à "revenir à la normale" après une crise, mais consiste à transformer l'expérience du choc en une opportunité de croissance. Cette capacité d'adaptation et de transformation est essentielle pour naviguer dans un monde où les crises, qu'elles soient écologiques, sanitaires ou économiques, se multiplient.

La résilience implique une compréhension profonde des facteurs qui nous rendent vulnérables et une volonté de s'engager activement pour bâtir un futur plus solide. Pour les individus, cela peut signifier le développement de stratégies personnelles pour faire face à l'adversité, telles que le soutien social, l'éducation et la création de réseaux de solidarité. Pour les sociétés, la résilience implique une refonte des structures et des institutions pour les rendre plus adaptables, inclusives et justes, de manière à préparer les collectivités à répondre aux futures crises.

2.2 – Une éthique pour des sociétés durables

La résilience n'est pas seulement une réponse adaptative, elle est aussi un appel à une éthique de la responsabilité. Elle invite à reconsidérer nos priorités collectives et individuelles, à apprendre des crises pour réorganiser nos sociétés de façon plus équitable et durable. Selon Hans Jonas, dans Le Principe responsabilité, les générations présentes ont une dette envers les générations futures. Cela signifie que chaque décision prise aujourd'hui, que ce soit en matière écologique, économique ou technologique, doit tenir compte de son impact à long terme sur la planète et sur les générations à venir.

Jonas propose une éthique du "câre", c'est-à-dire une éthique qui place la protection de la vie et la préservation de la biosphère au centre des préoccupations humaines. Pour être résilients, nous devons anticiper les conséquences de nos actions et adopter une approche préventive plutôt que réactive. Cela implique un changement de paradigme profond, où la préservation des équilibres écologiques devient une priorité face aux logiques de profit à court terme. Une éthique de la résilience encourage la sobriété, la coopération et la responsabilité partagée, plutôt que la compétition et l'exploitation sans limite des ressources.

En matière de durabilité, la résilience passe par la création de systèmes économiques circulaires, qui minimisent les déchets et favorisent la réutilisation des ressources. Elle suppose également de renforcer la sécurité alimentaire par des pratiques agricoles respectueuses de l'environnement, de diversifier les sources d'énergie pour être moins vulnérables aux crises énergétiques, et de concevoir des infrastructures capables de résister aux catastrophes naturelles de plus en plus fréquentes. La résilience s'étend ainsi à toutes les sphères de la société, cherchant à préserver la capacité des systèmes à évoluer et à prospérer même face aux perturbations.

En somme, l'éthique de la résilience n'est pas seulement une manière de surmonter les crises, mais une façon de redéfinir notre relation au monde et aux autres. Elle nous invite à construire des sociétés capables de s'adapter, de protéger les plus vulnérables, et de garantir une vie digne pour les générations présentes et futures, tout en reconnaissant notre interdépendance avec l'ensemble du vivant.

3 – Penser l'écologie philosophique

3.1 – Une critique de l'anthropocentrisme

Les crises climatiques et écologiques que nous traversons remettent en question l'hégémonie de l'homme sur la nature. Depuis des siècles, la pensée occidentale a mis l'être humain au centre de l'univers, dans une posture de domination et d'exploitation de la nature. Cette vision anthropocentrique est aujourd'hui largement critiquée, car elle a contribué à la dégradation des écosystèmes et au changement climatique. Des penseurs comme Bruno Latour appellent à dépasser cette perspective pour repenser notre relation au vivant et envisager une symbiose entre humains et non-humains.

Latour défend l'idée d'un "Parlement des choses", où les entités non humaines — animaux, forêts, rivières — seraient représentées et auraient une voix dans nos processus de prise de décision. Cette approche invite à intégrer pleinement les écosystèmes dans nos modèles de gouvernance, non pas comme des ressources exploitables, mais comme des partenaires essentiels à la survie de l'humanité. Dépasser l'anthropocentrisme, c'est reconnaître que les humains font partie d'un tout plus vaste, interdépendant, où chaque élément joue un rôle crucial dans le maintien de l'équilibre global.

Par ailleurs, des philosophes comme Val Plumwood et Timothy Morton ont également contribué à cette critique en soulignant l'importance de réexaminer la séparation entre nature et culture. Morton, avec son concept de "dark ecology", nous invite à accepter l'incertitude et l'ambiguïté inhérentes à notre relation avec le vivant, et à comprendre que la crise écologique ne peut être résolue par des solutions simples ou technocratiques. Ces visions philosophiques offrent une nouvelle manière d'appréhender l'écologie, en insistant sur la nécessité d'une approche plus humble et plus intégrée au sein du vivant.

3.2 – L'urgence de la sobriété

Face à l'urgence écologique, des philosophes contemporains comme Dominique Bourg prônent une transition vers une société de sobriété. Contrairement à l'idéal consumériste qui valorise l'accumulation de biens et la croissance infinie, la sobriété invite à redéfinir nos besoins et à trouver de la richesse dans la qualité plutôt que dans la quantité. Elle ne signifie pas une privation, mais une revalorisation de ce qui est essentiel, comme les relations humaines, la qualité de vie et le respect des équilibres écologiques.

La sobriété repose sur l'idée que le bonheur ne se trouve pas dans l'accumulation de biens matériels, mais dans une relation harmonieuse avec soi, les autres et la nature. Cette vision d'une "prospérité sans croissance", défendue également par des penseurs comme Serge Latouche, remet en cause les fondements mêmes de nos économies modernes, fondées sur l'exploitation intensive des ressources naturelles. Pour Latouche, la décroissance n'est pas un retour en arrière, mais une invitation à avancer différemment, en replaçant l'humain et l'écologie au cœur des priorités.

Cette éthique de la sobriété est également liée à la notion de justice écologique. En effet, les populations les plus vulnérables sont souvent les premières touchées par les conséquences du changement climatique, alors qu'elles sont les moins responsables de la dégradation de l'environnement. Adopter une société sobre et équitable implique de prendre en compte ces inégalités et de proposer des modèles de développement qui respectent les limites planétaires tout en garantissant un accès juste aux ressources.

Penser l'écologie philosophique, c'est remettre en question notre rapport à la nature, à la consommation et à l'avenir. Cela passe par une critique radicale de l'anthropocentrisme, une valorisation de la sobriété comme mode de vie, et une recherche de nouvelles manières de cohabiter avec le vivant, dans le respect et la coopération. Ces perspectives offrent un cadre éthique et philosophique pour faire face aux défis écologiques de notre époque et construire un futur plus soutenable.

4 – La philosophie politique face aux crises

4.1 – Le défi de la justice globale

Les crises globales, qu'elles soient climatiques, économiques ou sanitaires, mettent en lumière les inégalités criantes entre le Nord et le Sud. Ces inégalités se manifestent à la fois dans l'accès aux ressources naturelles, aux vaccins, et dans la vulnérabilité face aux conséquences du changement climatique. Pour des penseurs comme Amartya Sen, la justice ne peut plus se penser dans un cadre national, car les problèmes auxquels nous faisons face sont, par nature, transnationaux. Sen défend l'idée que la justice doit devenir mondiale, impliquant une répartition équitable non seulement des ressources, mais aussi des opportunités et des capacités à mener une vie digne.

Pour atteindre cette justice globale, il est nécessaire de redéfinir les responsabilités des nations face aux crises planétaires. Cela implique que les pays historiquement responsables de la pollution et de la surexploitation des ressources naturelles assument une plus grande part du fardeau écologique et économique. Le concept de "justice climatique" s'inscrit dans cette logique : il reconnaît que les pays du Sud, qui sont les moins responsables des émissions de gaz à effet de serre, sont pourtant les plus exposés à leurs effets. L'objectif est d'établir des mécanismes de compensation et de solidarité internationale, afin de garantir que les populations les plus vulnérables disposent des moyens nécessaires pour s'adapter aux changements en cours.

Le philosophe Thomas Pogge, quant à lui, appelle à une refonte des institutions internationales pour qu'elles deviennent plus inclusives et équitables. Selon lui, les structures actuelles perpétuent les inégalités mondiales en favorisant les intérêts des puissants au détriment des plus faibles. Pour créer une véritable justice globale, il est indispensable de transformer ces institutions, afin qu'elles soient capables de répondre aux défis planétaires de manière juste et solidaire.

4.2 – Le renouveau de la démocratie

Les crises contemporaines fragilisent les démocraties tout en soulignant leur importance cruciale pour répondre aux défis collectifs. La pandémie de COVID-19, les crises économiques récurrentes, et l'urgence climatique ont mis en évidence les limites des systèmes démocratiques actuels, mais aussi leur capacité à mobiliser les citoyens et à s'adapter face aux imprévus. Pour la philosophe Chantal Mouffe, il est urgent de réinventer la démocratie pour qu'elle devienne un espace véritablement inclusif, capable de gérer la diversité des opinions et de prendre en compte les aspirations des différentes composantes de la société.

Mouffe plaide pour un renouveau démocratique fondé sur le pluralisme et la délibération. La démocratie ne doit pas être réduite à une simple gestion technique des affaires publiques par des experts ; elle doit être un processus vivant, où les citoyens ont la possibilité de participer activement à la prise de décision. Le concept de "démocratie agonistique" développé par Mouffe insiste sur la nécessité de reconnaître et de canaliser les conflits d'intérêts et de valeurs de manière constructive. Plutôt que d'éviter les désaccords, la démocratie doit les accueillir comme une source de dynamisme et de création.

Face aux crises multiples, il est également crucial de renforcer la démocratie locale et participative. Les crises écologiques, en particulier, appellent des réponses adaptées aux réalités locales, et la participation directe des citoyens est essentielle pour l'élaboration de solutions durables. Des initiatives telles que les assemblées citoyennes, qui permettent à des personnes tirées au sort de débattre et de formuler des recommandations sur des questions complexes, illustrent le potentiel de la démocratie participative pour redonner du sens et de la légitimité aux processus politiques.

Par ailleurs, le philosophe Pierre Rosanvallon défend l'idée d'une "démocratie de confiance", où la transparence et la responsabilité des gouvernants envers les citoyens sont renforcées. Pour Rosanvallon, le renouveau démocratique passe par une redéfinition de la représentation politique, où les élus ne sont pas seulement des décideurs, mais aussi des garants de la participation citoyenne et de la justice sociale.

La philosophie politique face aux crises propose

de redéfinir les notions de justice et de démocratie pour les adapter aux enjeux globaux et locaux de notre époque. La justice doit s'étendre au-delà des frontières nationales, et la démocratie doit se renouveler pour devenir plus inclusive, participative et à l'écoute des besoins des citoyens. Ces idées offrent des pistes pour imaginer des sociétés plus justes, équitables et capables de résister aux crises futures.

5 – La pensée complexe : une approche holistique

5.1 – Dépasser le réductionnisme

Edgar Morin, dans La Méthode, propose une pensée complexe qui refuse les simplifications réductrices, souvent à l'origine des erreurs de diagnostic face aux crises modernes. Pour Morin, les problèmes contemporains ne peuvent être compris à travers une seule discipline ou une seule perspective. Face à des crises multidimensionnelles comme le changement climatique, les pandémies ou les inégalités sociales, il est essentiel de saisir les interconnexions entre économie, écologie, société et technologie.

La pensée complexe prône l'abandon du réductionnisme, qui consiste à isoler chaque problème en le déconnectant de son contexte. Au lieu de cela, Morin invite à embrasser une vision systémique, capable de relier les différentes dimensions d'un problème pour en comprendre la totalité. Cette approche est essentielle, car les crises modernes révèlent souvent des phénomènes de causalité circulaire et de rétroactions complexes : un bouleversement écologique peut influencer l'économie, perturber le tissu social et entraîner des mutations technologiques. Par exemple, la crise énergétique ne peut être comprise sans considérer les interdépendances entre la politique internationale, les avancées technologiques, et les conséquences écologiques des choix d'exploitation des ressources.

La pensée complexe exige de relier les savoirs et de briser les cloisons disciplinaires. Elle valorise une vision transdisciplinaire qui nous permet de mieux comprendre les systèmes dynamiques dans lesquels nous évoluons. Cette approche est aussi une invitation à la modestie : comprendre qu'il est impossible de tout saisir de manière absolue, et que chaque solution doit être envisagée comme provisoire, ouverte à l'adaptation et à la correction.

5.2 - Naviguer dans l'incertitude

La pensée complexe ne promet pas de solutions simples ou définitives aux problèmes du monde contemporain. Elle reconnaît l'incertitude comme une composante inévitable de la modernité. Plutôt que de chercher à éliminer cette incertitude, elle invite à l'accepter et à en faire une source de réflexion créative. Cette attitude est cruciale dans un contexte de crises systémiques, où chaque nouvelle situation entraîne des conséquences imprévues et où la compléxité des interactions dépasse souvent nos capacités d'anticipation.

Pour Edgar Morin, naviguer dans l'incertitude n'implique pas de rester passif face au chaos, mais au contraire de cultiver une intelligence adaptative et collective. La pensée complexe valorise la coopération et le dialogue, car ce n'est qu'en confrontant différentes perspectives et en élaborant ensemble des stratégies que l'on peut espérer faire face aux défis contemporains. L'intelligence collective devient alors un outil fondamental pour imaginer des solutions innovantes, capables de s'adapter aux changements et d'évoluer avec eux.

Morin souligne également l'importance de la réflexivité, c'est-à-dire la capacité à évaluer nos propres modes de pensée et nos propres actions. Dans un monde où les certitudes vacillent, la réflexivité permet de corriger les erreurs en cours de route et d'ajuster nos stratégies à mesure que de nouvelles informations émergent. Cette approche favorise une résilience active, qui consiste non pas à se replier sur des solutions préétablies, mais à rester ouvert au changement et à l'expérimentation.

La pensée complexe nous rappelle ainsi que le monde ne se laisse pas enfermer dans des catégories figées. Les événements, les idées et les actions s'entrelacent dans un réseau aux relations multiples et souvent imprévisibles. Accepter l'incertitude et adopter une approche systémique et ouverte est non seulement une nécessité, mais aussi une opportunité pour imaginer des formes de vie et de gouvernance plus adaptatives, inclusives et à même de répondre aux défis de notre époque.

6 – La quête de sens en période de crise

6.1 – Redonner du sens au collectif

Les crises, qu'elles soient sanitaires, climatiques ou économiques, révèlent souvent une perte de sens au niveau individuel et collectif. Elles mettent en lumière la fragilité de nos structures sociales et l'incapacité de certains modèles à offrir des perspectives épanouissantes pour les individus. La philosophie, notamment à travers les travaux de Viktor Frankl sur la logothérapie, insiste sur l'importance de trouver un but, même dans les périodes les plus difficiles. Frankl, qui a survécu aux camps de concentration nazis, considérait que la recherche de sens était essentielle à la survie humaine. Cette quête de sens est une source de résilience face aux épreuves, car elle permet de transcender la souffrance en lui donnant une valeur.

Dans une perspective collective, redonner du sens implique de recréer du lien social et de redéfinir les valeurs communes qui nous unissent. Les crises actuelles soulignent l'importance de la solidarité et de l'engagement citoyen pour faire face aux défis communs. Des initiatives communautaires, comme les jardins partagés, les associations d'entraide ou les collectifs écologistes, illustrent cette volonté de réinventer un sens collectif fondé sur la coopération et le bien commun. Ces dynamiques participent à la réinvention d'une société plus inclusive et plus résiliente, où chaque individu trouve sa place en contribuant à un projet plus vaste que lui-même.

6.2 - Reconnecter avec la spiritualité

Face à l'effondrement des certitudes et à la précarité croissante de nos modes de vie, de nombreuses personnes se tournent vers la spiritualité pour trouver un sens et un apaisement. Certaines philosophies, comme celles issues du bouddhisme ou du stoïcisme, offrent des outils précieux pour traverser les périodes de crise. Ces traditions mettent en avant l'acceptation, la sérénité et l'action mesurée, trois vertus essentielles pour naviguer dans l'incertitude et la complexité.

Le stoïcisme, par exemple, enseigne la maîtrise de soi face aux événements extérieurs. Selon les stoïciens, il est inutile de s'inquiéter de ce qui dépasse notre contrôle : nous devons concentrer nos efforts sur ce que nous pouvons changer, c'est-à-dire nos actions et nos réactions. Cette philosophie, remise au goût du jour par des penseurs contemporains comme Ryan Holiday, offre des stratégies pour rester serein et résilient face aux aléas de la vie moderne.

De son côté, le bouddhisme propose une voie de détachement et de compassion. En reconnaissant l'impermanence de toutes choses, cette philosophie aide à relativiser les difficultés et à cultiver une attitude de bienveillance envers soi et les autres. La méditation, au cœur de la pratique bouddhiste, est un outil de reconnexion à soi et de gestion du stress, qui permet d'ancrer son esprit dans l'instant présent plutôt que de se perdre dans des anticipations anxiogènes. Ces pratiques spirituelles deviennent des ressources indispensables pour résister à l'incertitude et trouver un équilibre intérieur.

En outre, des formes de spiritualité plus modernes et moins institutionnalisées émergent, comme le yoga, la pleine conscience, ou encore la "reconnexion à la nature". Ces pratiques sont de plus en plus adoptées par des individus en quête de sens, qui cherchent à échapper aux injonctions consuméristes pour retrouver une harmonie personnelle. Elles témoignent d'une volonté de se recentrer sur l'essentiel, de ralentir et de prendre soin de soi tout en étant en harmonie avec son environnement.

Pour conclure, la quête de sens en période de crise passe par une double dynamique : redonner du sens au collectif, par l'engagement citoyen et la solidarité, et reconnecter avec une dimension spirituelle, qu'elle soit philosophique, religieuse ou simplement introspective. Ces deux dimensions se complètent et permettent de faire face aux incertitudes avec courage et espoir, tout en ouvrant des perspectives de transformation personnelle et sociétale.

La philosophie, loin d'être un luxe académique, est une nécessité face aux crises globales. Elle nous aide à comprendre les racines de ces bouleversements, à réfléchir aux valeurs qui devraient guider nos choix, et à envisager des futurs possibles. En mobilisant les concepts de résilience, de complexité et de justice, elle propose une boussole pour naviguer dans l'incertitude et construire un monde plus équitable et durable.

Chapitre 14 : Anthropologie du chaos

En 2025, le monde traverse une série de crises systémiques – écologiques, économiques, géopolitiques et sociales – qui ébranlent les structures établies. Face à ce que beaucoup perçoivent comme un chaos global, l'anthropologie apporte une perspective essentielle en explorant comment les humains naviguent, résistent et trouvent du sens dans ces périodes d'incertitude.

1 - Définir le chaos : une lecture anthropologique

1.1 - Le chaos comme condition humaine

Le terme "chaos" évoque le désordre total, un état de confusion où les repères se perdent. Mais en anthropologie, il est compris de manière plus nuancée, comme un état de transformation intense, où les certitudes s'effondrent et où de nouvelles structures émergent. Le chaos est ainsi à la fois déstabilisant et créatif, offrant un espace pour repenser les cadres sociaux, économiques et politiques. Il est une condition inhérente à l'expérience humaine, un moment de rupture où l'ordre établi laisse place à l'inconnu, permettant de redéfinir les normes et les valeurs.

Dans de nombreuses cultures, le chaos est perçu comme un élément central des mythes fondateurs. Par exemple, dans la mythologie grecque, le chaos est l'état primitif, le point de départ d'où naissent les divinités et l'ordre du monde. Ce motif se retrouve dans d'autres traditions, où le chaos précède la création et symbolise à la fois le potentiel infini et la menace du désordre. Pour les anthropologues, cette récurrence montre que le chaos n'est pas simplement une force destructrice, mais un moment nécessaire pour réinventer l'ordre social, générer des significations nouvelles et faire émerger des structures adaptatives.

1.2 – Théorie du chaos et sciences humaines

La théorie du chaos, inspirée des sciences exactes, offre un cadre pour comprendre comment des motifs et des structures émergent au sein d'un apparent désordre. Dans les sciences humaines, cette théorie est appliquée pour analyser comment les crises et les bouleversements révèlent des dynamiques cachées au sein des sociétés. Plutôt que de voir les crises comme de simples moments de rupture, la théorie du chaos permet de mettre en lumière les processus de réorganisation et les nouveaux équilibres qui peuvent en résulter. Les anthropologues utilisent cette approche pour explorer la manière dont les événements apparemment chaotiques, tels que les révolutions, les pandémies ou les crises économiques, agissent comme des catalyseurs de changement. Ces moments de chaos sont souvent ceux où de nouvelles formes de gouvernance collective émergent, où des solidarités inattendues se développent, et où les acteurs sociaux trouvent des solutions adaptatives pour faire face à l'incertitude. Par exemple, la crise financière de 2008 ou la pandémie de COVID-19 ont entraîné des réorganisations profondes des économies et des sociétés, révélant des dynamiques de résilience collective et des innovations institutionnelles.

La théorie du chaos nous aide à comprendre que même dans le désordre le plus total, il existe des motifs sous-jacents, des logiques qui échappent souvent à une vision simpliste ou linéaire des événements. Cette approche permet également de penser la complexité et l'incertitude comme des éléments constitutifs de la vie sociale, plutôt que comme des anomalies à corriger. Les crises deviennent alors des fenêtres ouvertes sur la créativité humaine, sur la capacité des individus et des communautés à s'adapter, à réinventer leurs pratiques, et à bâtir de nouvelles formes d'organisation sociale.

En somme, la lecture anthropologique du chaos nous invite à voir au-delà du simple désordre. Elle nous pousse à reconnaître le potentiel de transformation qui émerge dans les périodes chaotiques et à appréhender le chaos non pas comme une fin, mais comme un processus dynamique qui ouvre la voie à de nouvelles possibilités.

2 – Les crises globales comme révélateurs sociaux

2.1 – Une fracture entre systèmes et communautés

Les crises contemporaines – du dérèglement climatique aux pandémies – mettent en lumière les tensions entre les institutions centralisées et les initiatives communautaires.

En anthropologie, ces moments de crise révèlent souvent l'incapacité des structures dominantes à répondre de manière adéquate aux besoins des populations, laissant place à des solutions locales improvisées. Lorsque les systèmes étatiques ou institutionnels montrent leurs limites, ce sont les communautés locales qui prennent le relais, adaptant leurs réponses aux besoins immédiats et contingents.

Cette fracture entre systèmes et communautés est particulièrement visible lors des crises écologiques, où les décisions centralisées ne prennent pas toujours en compte les spécificités locales. Par exemple, les populations rurales affectées par les sécheresses ou les inondations ont souvent dû inventer des réponses adaptées, comme la mise en place de systèmes de collecte d'eau ou de pratiques agricoles alternatives, face à l'inaction ou au décalage des politiques publiques. Ces initiatives communautaires, bien que souvent improvisées, montrent une résilience et une capacité d'adaptation remarquables.

Les crises sont ainsi des moments révélateurs qui mettent en évidence les failles des systèmes institutionnels et, parallèlement, la force des solidarités locales. Elles montrent que lorsque les grandes structures s'effondrent ou deviennent inopérantes, les liens communautaires, la proximité et la connaissance intime des territoires peuvent être des atouts cruciaux pour faire face à l'adversité. Les anthropologues voient dans ces dynamiques un rappel de l'importance des systèmes d'entraide et de la nécessité de concevoir des modèles de gouvernance qui intègrent les savoirs locaux et les particularités communautaires.

2.2 – Les métropoles, terrains du chaos

Les grandes villes, en tant que centres névralgiques, deviennent des théâtres de chaos organisé, particulièrement en période de crise. Pendant la pandémie de Covid-19, les habitants des mégapoles ont adopté des tactiques inédites pour survivre et maintenir une certaine forme de normalité : mise en place de systèmes d'entraide de voisinage, reconversion des espaces publics en lieux de loisirs ou de production alimentaire, réorganisation des circuits alimentaires pour pallier les pénuries. Ces stratégies montrent comment l'humain s'adapte rapidement aux bouleversements, faisant preuve d'innovation et de solidarité.

Les métropoles, en tant que carrefours de flux économiques, sociaux et culturels, sont particulièrement vulnérables aux crises globales. Le chaos qui s'y déploie n'est pas uniquement le reflet d'une désorganisation ; il est également le terreau d'une réorganisation sociale adaptative. Par exemple, à New York, les réseaux d'entraide locaux, appelés "mutual aid networks", se sont développés pour fournir nourriture et soutien à ceux qui étaient le plus durement touchés par les conséquences économiques de la crise. Ces formes d'organisation improvisées et souvent horizontales ont révélé la capacité des citoyens à agir directement, sans attendre des réponses des institutions formelles.

De même, les villes européennes ont vu émerger des formes d'appropriation citoyenne des espaces urbains : des parkings et des friches ont été transformés en jardins collectifs, des rues piétonnisées pour encourager la mobilité douce, et des collectifs se sont organisés pour soutenir les personnes les plus vulnérables, telles que les sans-abri. Ces transformations montrent que les métropoles, loin d'être de simples lieux de désordre, peuvent être des laboratoires d'innovation sociale et des terrains d'expérimentation pour de nouvelles manières de vivre ensemble.

Les anthropologues considèrent ces mécanismes d'adaptation comme des exemples de la capacité humaine à s'ajuster à des environnements en constante mutation. Ils montrent également que le chaos, lorsqu'il est appréhendé de manière constructive, peut être le point de départ de nouvelles dynamiques sociales, où la solidarité et la créativité collective permettent de surmonter les défis et de façonner un futur plus résilient et inclusif.

3 – Ordre et désordre : une dynamique universelle

3.1 – Le mythe de l'ordre absolu

L'anthropologie montre que les sociétés humaines oscillent constamment entre ordre et désordre. Le mythe de l'ordre absolu, souvent prôné par les institutions et les élites, repose sur l'idée que la stabilité est le seul gage de prospérité et de paix sociale. Pourtant, l'histoire humaine est marquée par une succession de périodes de stabilité relative, entrecoupées de ruptures profondes – guerres, catastrophes

naturelles, crises politiques ou économiques –
qui viennent bouleverser les structures
existantes et redistribuer les cartes du pouvoir.
Ces moments de chaos sont également des
opportunités pour remettre en question l'ordre
établi et reconstruire sur de nouvelles bases.

Dans de nombreuses sociétés traditionnelles, le
passage entre ordre et désordre est ritualisé.
Les rites de passage, par exemple, sont des
moments où les règles sociales sont
temporairement suspendues pour permettre
une transformation individuelle ou collective.
Ces rituels symbolisent la capacité des
communautés à naviguer entre stabilité et
changement, reconnaissant ainsi que l'ordre
absolu n'existe pas et que le désordre fait partie
intégrante du cycle de la vie sociale. Les
sociétés modernes, malgré leur aspiration à la
stabilité et à la prévisibilité, ne sont pas
exemptes de cette dynamique : les crises
économiques, les bouleversements
écologiques et les mouvements sociaux
révèlent la fragilité des ordres établis et
l'inévitabilité du changement.

Le chaos est souvent perçu comme une
menace, mais il peut aussi être vu comme un
moment de régénérescence. Les périodes de

rupture obligent les sociétés à repenser leurs structures, leurs valeurs et leurs relations. En ce sens, le désordre n'est pas seulement un état temporaire de crise, mais un élément nécessaire pour évoluer et s'adapter aux nouveaux contextes. L'anthropologie nous apprend que l'ordre n'est jamais figé : il est en constante évolution, alimenté par des forces de déstabilisation qui préparent le terrain pour de nouvelles formes d'organisation.

3.2 – Le chaos comme moteur d'évolution

Des penseurs comme Bruno Latour soutiennent que le désordre apparent est souvent un moteur de progrès et d'innovation. L'instabilité, loin d'être uniquement une source de perturbation, pousse les sociétés à se réinventer, à redéfinir leurs relations avec la nature, les technologies et les autres communautés humaines. Latour, dans ses travaux sur l'anthropocène, explique que les crises écologiques et climatiques, bien qu'alarmantes, nous obligent à reconsidérer notre place dans le monde et à développer de nouvelles manières de cohabiter avec le vivant.

Le chaos est un catalyseur de changement, car il nous confronte aux limites de nos modèles actuels. Lorsque les systèmes établis s'effondrent ou deviennent inopérants, de nouvelles idées, de nouvelles pratiques et de nouvelles solidarités peuvent émerger. Par exemple, les crises économiques ont souvent été suivies de réformes profondes qui ont permis de corriger les inégalités et de renforcer les institutions. De même, les bouleversements technologiques créent des périodes de désordre, mais ils ouvrent également la voie à des avancées majeures dans la science, la communication et la coopération internationale.

L'idée que le chaos peut être une force positive est présente dans de nombreuses théories contemporaines. Par exemple, la théorie de l'évolution nous apprend que les espèces survivent non pas grâce à leur capacité à maintenir un état stable, mais grâce à leur capacité à s'adapter aux changements et à l'imprévisibilité de leur environnement. De la même manière, les sociétés humaines évoluent en réponse aux crises et aux ruptures, en trouvant des moyens créatifs de surmonter les défis et de transformer les obstacles en opportunités.

En fin de compte, la dynamique entre ordre et

désordre est universelle et intrinsèque à la condition humaine. Le désordre n'est pas une anomalie à éviter, mais un processus naturel qui permet aux sociétés de se renouveler et de progresser. Plutôt que de chercher à éradiquer le chaos, il est essentiel de reconnaître sa valeur et d'apprendre à naviguer en son sein, en cultivant la résilience, l'adaptabilité et l'ouverture au changement.

4 - Anthropologie du chaos : une approche holistique

4.1 - Dépasser les visions simplistes

L'anthropologie du chaos refuse les explications unidimensionnelles des crises, qui tendent à isoler un seul facteur comme cause unique des bouleversements. Cette discipline cherche au contraire à comprendre comment des facteurs culturels, économiques, écologiques, et politiques interagissent pour créer des dynamiques complexes. En explorant les liens entre des phénomènes apparemment isolés, l'anthropologie du chaos permet de saisir la richesse et la profondeur des crises, ainsi que les multiples niveaux de réalité qu'elles impliquent.

Par exemple, une crise alimentaire ne peut pas être comprise uniquement à travers le prisme des défaillances agricoles. Elle est aussi le produit de facteurs économiques (comme la spéculation sur les denrées), culturels (les pratiques alimentaires locales), et écologiques (les conditions climatiques). Cette approche holistique met en évidence les connexions inattendues qui existent entre des phénomènes éloignés dans le temps et l'espace, révélant ainsi des logiques systémiques souvent ignorées par les approches plus réductrices.

L'anthropologie du chaos s'intéresse également aux réactions humaines face aux bouleversements. Elle étudie comment les communautés interprètent, réagissent et s'adaptent aux crises, en fonction de leurs références culturelles et de leur expérience historique. Cela permet de mettre en lumière les résistances, les résiliences, mais aussi les tensions qui surgissent au sein des sociétés lorsque les structures traditionnelles sont mises à l'épreuve par des événements imprévus.

4.2 – Une leçon d'humilité

Face au chaos, l'anthropologie rappelle la nécessité d'accepter l'incertitude. Les solutions aux crises ne peuvent pas toujours être planifiées à l'avance de manière précise et détaillée. Elles émergent souvent de manière spontanée, à travers des expérimentations locales, des ajustements progressifs et des essais-erreurs. En ce sens, l'anthropologie du chaos est une leçon d'humilité pour les planificateurs et les décideurs : elle rappelle que la complexité des réalités sociales et écologiques dépasse souvent les capacités d'anticipation et de contrôle des systèmes de gouvernance centralisés.

L'anthropologie du chaos montre que les crises, bien qu'elles soient sources de souffrance et de désorganisation, peuvent aussi être des occasions de réinvention et de création. Les réponses aux crises ne naissent pas nécessairement des instances centrales, mais émergent souvent de la base, de la capacité des individus et des communautés à improviser des solutions adaptées à leur contexte. Ces solutions peuvent prendre la forme de nouvelles pratiques agricoles, de réseaux d'entraide, ou de mécanismes informels de gouvernance qui compensent les failles des institutions officielles.

Cette approche valorise la dimension

relationnelle et contextuelle des réponses humaines aux crises. Elle montre que les solutions les plus efficaces sont souvent celles qui naissent de la connaissance intime des milieux et des situations, et qui s'appuient sur les savoirs locaux, les traditions culturelles et les dynamiques communautaires. Plutôt que d'imposer des solutions préfabriquées, l'anthropologie du chaos prône une attitude d'écoute et de co-construction, reconnaissant que la complexité du réel exige des réponses flexibles, créatives et évolutives.

L'anthropologie du chaos nous invite à revoir notre rapport aux crises. Elle nous enseigne que, loin d'être de simples moments de rupture à surmonter, les crises sont aussi des espaces d'innovation où de nouvelles possibilités peuvent émerger. Accepter l'incertitude et valoriser les initiatives locales, c'est reconnaître la richesse de la diversité humaine et la capacité collective à transformer l'adversité en opportunité de croissance et de renouveau.

5 – Trouver du sens dans le chaos

5.1 – La quête de narrations collectives

Dans les moments de chaos, les récits jouent

un rôle central pour donner un sens aux événements et offrir un cadre interprétatif aux communautés. Ces narrations permettent aux individus de ne pas se perdre dans l'incertitude et de construire une vision commune de l'avenir. Les mythes, les rites, et les histoires partagées deviennent des outils de cohésion sociale qui unissent les gens autour d'une expérience collective.

Les anthropologues montrent que dans les périodes de crise, les sociétés ont souvent recours à des narrations symboliques pour donner un sens à ce qu'elles traversent. Par exemple, lors de catastrophes naturelles ou de pandémies, des récits émergent pour expliquer ces événements en termes de punition divine, de renaissance, ou de purification, offrant ainsi une grille de lecture aux populations affectées. Ces récits permettent de transformer le chaos en une expérience porteuse de sens, en la reliant à une logique cosmique ou morale plus large.

Les récits de résilience collective sont également essentiels dans la reconstruction des sociétés après des périodes de chaos. Par exemple, après une guerre ou une crise économique majeure, des narrations se développent autour de l'idée de renaissance et de régénération, permettant aux communautés de tourner la page et de se projeter vers un avenir meilleur. Ces narrations ne sont pas seulement des réflexions passives sur le passé, mais des moteurs de changement, qui motivent l'action et inspirent des initiatives collectives pour reconstruire.

5.2 – Philosophie et spiritualité

Les crises poussent également les individus à chercher des réponses philosophiques ou spirituelles pour mieux comprendre leur réalité et trouver une forme de paix intérieure. Lorsque les structures sociales et économiques sont déstabilisées, beaucoup se tournent vers des courants de pensée qui offrent des outils pour faire face à l'incertitude et aux bouleversements. Les traditions philosophiques comme le stoïcisme, qui valorisent l'acceptation, la maîtrise de soi et la résilience intérieure, retrouvent une pertinence particulière dans un monde en mutation rapide. Les stoïciens enseignent que nous ne pouvons pas toujours contrôler ce qui nous arrive, mais que nous pouvons contrôler notre réaction face à ces événements. Cette philosophie est une source de force dans les moments où l'ordre s'effondre, car elle nous invite à concentrer notre énergie sur ce qui dépend de nous.

Le bouddhisme, de son côté, propose une approche de la souffrance qui repose sur l'acceptation de l'impermanence et la pratique de la compassion. Face au chaos, la méditation et les enseignements bouddhistes offrent un chemin pour trouver la paix intérieure en acceptant la réalité telle qu'elle est, sans chercher à la fuir ou à la nier. Cette quête de sens spirituelle permet de transcender la peur et l'angoisse, en adoptant une perspective plus large sur la vie et ses épreuves.

Par ailleurs, les crises peuvent également encourager l'émergence de nouvelles formes de spiritualité, qui cherchent à réconcilier les aspirations individuelles avec les défis collectifs. Les mouvements de "reconnexion à la nature" et de spiritualité écologique, par exemple, invitent les individus à repenser leur rapport au monde vivant et à adopter une posture d'humilité face à la complexité des écosystèmes. Ces approches proposent une forme de résilience qui ne se limite pas à l'individu, mais qui intègre également la dimension collective et environnementale de la survie.

En conclusion, trouver du sens dans le chaos implique de construire des narrations collectives qui permettent de transformer l'expérience du désordre en une occasion de croissance et de renouveau. Cela passe également par une quête individuelle de sens, qui peut se nourrir de la philosophie, de la spiritualité, et de l'engagement envers des valeurs plus larges que soi. Le chaos, loin d'être uniquement destructeur, peut être l'occasion de réévaluer nos priorités, de renforcer nos liens avec les autres, et de redécouvrir ce qui est vraiment essentiel dans nos vies.

L'anthropologie du chaos ne se contente pas d'examiner le désordre apparent, mais cherche à comprendre les dynamiques qui sous-tendent les crises globales. En 2025, elle offre une perspective précieuse pour analyser un monde en perpétuelle transformation et pour imaginer des solutions adaptées aux défis complexes du XXIe siècle. Loin d'être une fatalité, le chaos peut devenir une source de renouveau et de créativité.

Conclusion : Scénarios pour 2025

En 2025, le monde vacille entre espoir et désespoir. Les crises multiples – qu'elles soient climatiques, économiques, sociales ou technologiques – forcent l'humanité à regarder son avenir avec lucidité. Nous sommes à la croisée des chemins. Quatre grands scénarios se dessinent, reflétant des choix collectifs et individuels qui décideront de notre destin.

1- Le scénario de la résilience globale : l'espoir collectif

Dans ce scénario, la coopération mondiale devient la pierre angulaire de notre réponse aux crises. Les gouvernements, les entreprises et les citoyens unissent leurs forces pour construire des solutions durables, résilientes et inclusives. Ce scénario repose sur une prise de conscience collective, où l'urgence climatique, les inégalités et les crises sanitaires sont perçues comme des défis communs exigeant une mobilisation coordonnée à l'échelle planétaire.

Écologie : Une transition énergétique ambitieuse

La transition énergétique est accélérée, avec des investissements massifs dans les énergies renouvelables, tels que le solaire, l'éolien et la géothermie. Les politiques ambitieuses de décarbonation sont mises en œuvre pour atteindre des objectifs zéro carbone bien avant les échéances fixées par les accords climatiques de Paris. Les accords climatiques sont non seulement respectés, mais renforcés, avec des engagements accrus en matière de protection de la biodiversité et de restauration des écosystèmes dégradés. La coopération internationale permet de soutenir les pays en développement dans leur transition énergétique, en assurant un accès équitable aux technologies vertes et aux financements nécessaires.

Des initiatives locales se multiplient pour promouvoir l'agriculture régénérative et la permaculture, réduisant ainsi la pression sur les sols et favorisant la sécurité alimentaire. Les villes adoptent des politiques de mobilité durable, en favorisant les transports en commun électriques, les pistes cyclables et les espaces verts urbains. Les citoyens, de leur côté, sont impliqués dans des programmes d'éducation écologique, contribuant à une réduction significative de l'empreinte carbone individuelle.

Technologie : L'innovation au service du bien commun

Les innovations technologiques sont orientées vers le bien commun, favorisant des avancées dans les domaines de la santé, de l'agriculture, de l'éducation et de l'énergie. La recherche scientifique est démocratisée et financée par des partenariats publics-privés, garantissant que les innovations restent accessibles à tous et ne soient pas accaparées par quelques multinationales. Des plateformes de partage des connaissances sont mises en place, permettant une collaboration ouverte entre chercheurs, entreprises et citoyens pour résoudre les problèmes mondiaux.

Dans le domaine de la santé, les technologies de pointe, comme l'intelligence artificielle et la télémédecine, sont utilisées pour améliorer l'accès aux soins, notamment dans les régions isolées. Les traitements deviennent plus personnalisés et préventifs, grâce à l'utilisation des données et à une éthique renforcée autour

de la protection des informations personnelles.
En agriculture, les technologies de l'agriculture
de précision permettent d'optimiser l'utilisation
des ressources, de réduire les intrants
chimiques et de préserver la biodiversité.
L'éducation, quant à elle, profite des outils
numériques pour rendre l'apprentissage plus
inclusif et adapté aux besoins de chaque
étudiant, en particulier dans les pays en
développement.

Société : Inclusion et justice sociale

Dans ce scénario de résilience globale,
l'inclusion devient une priorité absolue. Les
inégalités sociales et économiques sont
activement combattues grâce à des politiques
redistributives et à une réforme des systèmes
fiscaux. La fiscalité est repensée pour faire
contribuer davantage les plus fortunés et les
grandes entreprises, afin de financer des
programmes sociaux ambitieux, incluant
l'accès à l'éducation, à la santé, et à un
logement digne pour tous.

Les gouvernements collaborent avec des ONG
et des acteurs de la société civile pour assurer
une répartition équitable des ressources et
éradiquer la pauvreté. Des initiatives comme le

revenu universel de base sont expérimentées à grande échelle, garantissant un niveau de vie minimum à chaque citoyen et permettant de réduire les inégalités structurelles. L'égalité des genres est promue activement, avec des politiques visant à combler les écarts salariaux, à favoriser l'accès des femmes aux postes de direction et à lutter contre les violences sexistes.

Les communautés locales sont également renforcées, avec des dispositifs citoyen qui permettent aux individus de participer aux prises de décision et de contribuer directement aux projets de développement local. Cette démocratie participative encourage un sentiment d'appartenance et de responsabilité collective, essentiel pour construire une société plus juste et solidaire.

Un espoir collectif fondé sur la solidarité

Ce scénario repose sur une prise de conscience généralisée et un sens renouvelé de la solidarité. Face aux crises mondiales, l'humanité fait le choix de la coopération plôtôt que de la compétition, de l'inclusion plôtôt que de l'exclusion, et de la durabilité plôtôt que de l'exploitation inconsidérée des ressources. Il incarne la capacité de l'humanité à se réinventer pour faire face à l'urgence, en faisant preuve de créativité, de courage et d'empathie. Ce scénario n'est pas seulement une utopie, mais un chemin possible si chacun, à son échelle, choisit de contribuer au bien commun et de participer à la construction d'un futur plus équitable et résilient.

2 – Le scénario du chaos maîtrisé : l'équilibre fragile

Dans ce scénario, le monde navigue dans une tension constante entre gestion des crises et exacerbation des problèmes. Les décisions prises par les gouvernements, les entreprises et les institutions sont souvent réactives, cherchant à limiter les dégâts immédiats sans jamais adresser les causes profondes des crises. Le manque de vision à long terme et l'absence de volonté politique pour opérer des changements structurels significatifs rendent la situation précaire, où chaque avancée est fragile et menacée de régression.

Écologie : Des progrès inégaux

Les progrès en matière écologique sont inégaux, marqués par des succès locaux mais des échecs globaux. Certains pays parviennent à mettre en place des initiatives de transition énergétique ou de protection de la biodiversité, mais ces efforts sont souvent isolés et insuffisants pour compenser l'inaction de nombreux autres. Les émissions de gaz à effet de serre diminuent dans certaines régions, mais augmentent ailleurs, notamment dans les économies émergentes qui peinent à abandonner les énergies fossiles.

Les désastres naturels – ouragans, sécheresses, inondations – continuent de se multiplier, perturbant non seulement les écosystèmes mais aussi les économies locales, particulièrement celles des pays les plus vulnérables. La déforestation et la dégradation des sols se poursuivent, menaçant la sécurité alimentaire et la résilience des communautés rurales. Les écosystèmes fragiles, tels que les récifs coralliens et les forêts tropicales, continuent de décliner malgré des tentatives ponctuelles de conservation. Ainsi, les succès écologiques, bien que réels à l'échelle locale, restent insuffisants pour endiguer la crise environnementale mondiale.

Technologie : Une adoption inégale et déséquilibrée

Les innovations technologiques se poursuivent à un rythme soutenu, mais leur adoption reste très déséquilibrée. Les pays riches continuent de tirer parti des avancées en intelligence artificielle, en biotechnologie et en énergies renouvelables, tandis que de nombreux pays en développement restent à la traîne, incapables d'accéder aux technologies essentielles à leur développement. Cette fracture technologique accentue les inégalités globales et crée des dépendances économiques et stratégiques entre les nations.

Les infrastructures numériques sont renforcées dans certaines régions, offrant de nouvelles opportunités d'emploi et d'éducation, mais ailleurs, l'accès à Internet et aux technologies de l'information reste limité, privant des millions de personnes des bénéfices de la révolution numérique. Cette inégalité d'accès perpétue un fossé technologique qui empêche une partie importante de la population mondiale de participer à l'économie moderne et d'améliorer leur qualité de vie.

Dans ce contexte, certaines innovations technologiques sont mal utilisées ou accaparées par des intérêts privés, exacerbant les problèmes existants. Par exemple, les technologies de surveillance sont de plus en plus employées par des régimes autoritaires pour renforcer leur contrôle sur la population, tandis que les technologies écologiques restent souvent inaccessibles aux communautés qui en auraient le plus besoin. Les promesses de la technologie sont donc réelles, mais leur impact est freiné par un manque de volonté politique et par des dynamiques de pouvoir qui limitent leur portée.

Société : Polarisation et poches de résilience

Sur le plan sociétal, la polarisation s'intensifie. Les tensions sociales augmentent à mesure que les inégalités se creusent et que la confiance dans les institutions diminue. Les mouvements populistes, alimentés par le sentiment d'injustice et l'insécurité économique, gagnent du terrain dans de nombreux pays, affaiblissant les structures démocratiques et accentuant les divisions internes. Les conflits sociaux se multiplient, que ce soit autour des questions économiques, identitaires ou écologiques, rendant la gouvernance de plus en plus difficile.

Cependant, des poches de résilience émergent à travers des initiatives locales et citoyennes.

Les communautés s'organisent pour pallier les défaillances des états et des institutions, créant des réseaux d'entraide, des coopératives, des jardins partagés, et des initiatives de transition énergétique à petite échelle. Ces efforts, bien que souvent limités par leur échelle, montrent la capacité des individus et des groupes à s'adapter, à innover et à construire des solutions alternatives lorsque les structures officielles ne répondent plus à leurs besoins.

Des villes résilientes émergent comme des laboratoires de nouvelles expérimentations sociales et écologiques, mettant en place des politiques locales innovantes en matière de transport, d'énergie et de gouvernance participative. Ces initiatives montrent qu'il existe encore un espoir, même dans un contexte où les structures globales semblent impuissantes à apporter des solutions durables. Les citoyens qui s'impliquent directement dans la vie de leur communauté sont les acteurs principaux de cette résilience fragmentée.

Un équilibre fragile entre chaos et espoir

Dans ce scénario, l'humanité avance à tâtons, gérant les crises au fur et à mesure qu'elles surviennent, sans parvenir à les prévenir ou à transformer fondamentalement ses structures. Les succès sont réels mais partiels, les échecs sont nombreux, et l'équilibre reste précaire. L'espoir n'est pas totalement perdu, car des initiatives locales et des poches de résilience subsistent, mais ces efforts restent insuffisants pour enclencher une transformation globale. L'équilibre fragile qui est maintenu repose sur une adaptation constante aux crises, sans jamais pouvoir s'en affranchir complètement. L'humanité est ainsi condamnée à errer entre avenir incertain et déséquilibre précaire.

3 – Le scénario de la fragmentation : l'effondrement progressif

Dans cette hypothèse sombre, le manque d'action collective et la montée des égoïsmes nationaux mènent à une désintégration progressive des systèmes globaux. Les institutions internationales, fragilisées par des décennies d'inaction et de divisions, échouent à gérer les crises, ce qui entraîne un repli des sociétés sur elles-mêmes et une fragmentation géopolitique accrue. La coopération internationale se désagrège, laissant place à une méfiance mutuelle et à une compétition brutale entre nations.

Écologie : L'effondrement environnemental

Les seuils critiques du changement climatique sont franchis, provoquant des bouleversements irréversibles dans les écosystèmes mondiaux. L'acidification des océans, la fonte des glaces polaires, et la disparition massive d'espèces conduisent à un effondrement de la biodiversité. Les événements climatiques extrêmes se multiplient, avec des ouragans, des inondations et des sécheresses récurrentes, qui détruisent les infrastructures et rendent des régions entiers inhabitables.

Ces catastrophes écologiques déclenchent des migrations massives, les populations cherchant à fuir des territoires devenus invivables. Les "réfugiés climatiques" sont confrontés à des frontières fermées et à des politiques de plus en plus protectionnistes, alimentant des tensions internationales et des conflits pour l'accès aux ressources, telles que l'eau potable et les terres arables. Les guerres pour les ressources se multiplient, exacerbant les divisions et entraînant des violences de plus en plus intenses. L'effondrement environnemental n'est plus une menace future, mais une réalité qui affecte la vie quotidienne de milliards de personnes.

Technologie : Des outils de domination

Les technologies, plutôt que de servir le bien commun, deviennent des armes de domination entre nations et groupes d'intérêts. L'intelligence artificielle, qui pourrait être une force de progrès, est exploitée pour renforcer les inégalités et pour surveiller et contrôler les populations. Les régimes autoritaires utilisent des systèmes de reconnaissance faciale et des réseaux de surveillance pour étouffer toute dissidence, tandis que les états-nations investissent massivement dans des technologies militaires basées sur l'IA, alimentant une nouvelle course aux armements.

La prolifération des cyberattaques est hors de contrôle. Les infrastructures critiques – énergie, santé, transports – sont régulièrement ciblées, paralysant des économies entiers et semant la peur parmi les populations. Les entreprises multinationales, quant à elles, protègent jalousement leurs innovations, créant une fracture technologique entre les pays capables de développer et d'utiliser ces technologies et ceux qui en sont écartés. Cette fracture renforce les inégalités et plonge certaines nations dans une dépendance chronique.

La technologie, loin d'être un facteur d'unification, devient un élément de division, utilisée pour asservir plutôt que pour émanciper. Les cyberconflits se multiplient entre États, et les populations civiles en paient le prix fort, avec des coupures d'électricité, des pénuries de ressources et des attaques contre les données personnelles qui les laissent démunies et vulnérables.

Société : Fractures et effondrement social

Les fractures sociales atteignent un point de rupture. Les inégalités économiques se creusent, les services publics s'effondrent, et la confiance des citoyens envers les institutions est quasiment inexistante. Les classes moyennes disparaissent progressivement, piégées entre la précarité croissante et l'absence de protection sociale. Les élites économiques se protègent derrière des murs, résidant dans des enclaves fortifiées, tandis que la majorité de la population est livrée à elle-même, sans soutien de la part de l'État.

Les démocraties vacillent sous le poids des inégalités, des tensions identitaires et de la méfiance généralisée. Des mouvements extrémistes, à la fois de droite et de gauche, gagnent du terrain, exploitant la colère et la frustration des citoyens. Les élections sont marquées par la désillusion et l'abstention, tandis que des régimes autoritaires profitent du chaos pour renforcer leur pouvoir, abolir les libertés civiles et instaurer des régimes de plus en plus répressifs.

Malgré cela, des poches de résistance subsistent. Des communautés locales tentent de recréer des structures de solidarité à petite échelle, cultivant leurs propres ressources, partageant ce qu'elles ont et organisant des systèmes d'échange basés sur la confiance. Ces initiatives restent toutefois isolées et fragiles, menacées par les violences et l'instabilité environnante.

Un avertissement sur les conséquences de l'inaction

Ce scénario est celui de l'échec : l'échec des institutions internationales à coordonner une réponse efficace aux crises, l'échec des gouvernements à mettre de côté leurs intérêts égoïstes pour le bien commun, et l'échec des sociétés à rester unies face aux défis globaux. C'est un scénario où l'humanité se désagrège, non pas par manque de capacité, mais par manque de volonté. Il avertit des conséquences de l'inaction et de la désunion face aux défis globaux, soulignant que sans coopération, sans vision commune et sans empathie, l'avenir est voué à la fragmentation et à l'effondrement.

Ce scénario n'est pas inévitable, mais il montre à quoi pourrait ressembler le monde si nous continuons à ignorer les signes d'alerte et à préserver des intérêts à court terme au détriment du bien commun. La fragmentation est un rappel brutal que l'indifférence et l'égoïsme collectif ne mènent qu'à la désintégration de ce qui fait de nous une société humaine.

4 – Le scénario de l'hiver nucléaire : un effondrement mondial

Dans ce scénario dystopique, les tensions géopolitiques atteignent un point de non-retour, déclenchant un conflit nucléaire. Bien qu'improbable pour certains, ce scénario est considéré comme une possibilité réelle par des experts en sécurité internationale, notamment à la lumière des tensions croissantes entre grandes puissances. Le déclenchement de l'hiver nucléaire résulte d'une escalade incontrôlée, par exemple une guerre régionale impliquant des armes nucléaires tactiques. La réponse en chaîne, exacerbée par des erreurs de calcul ou des provocations, mène à un échange stratégique à grande échelle. Les études montrent qu'un conflit nucléaire entre deux puissances, même limité, suffirait à plonger le monde dans un chaos climatique et social.

Climat : Une catastrophe climatique irréversible

Un hiver nucléaire se caractérise par l'obscurcissement de l'atmosphère terrestre en raison des immenses quantités de suie et de particules projetées dans l'air par les explosions nucléaires. La température moyenne mondiale pourrait chuter de 7 à 10 degrés Celsius, annihilant les récoltes et provoquant des famines massives. L'obscurité prolongée empêcherait la photosynthèse, détruisant les chaînes alimentaires terrestres et marines, et causant une extinction massive des espèces. Les écosystèmes les plus vulnérables, tels que les forêts tropicales et les récifs coralliens, disparaîtraient rapidement, entraînant des conséquences catastrophiques pour la biodiversité.

Les régions agricoles majeures, comme le Midwest américain ou les plaines d'Europe de l'Est, deviendraient rapidement incapables de produire la moindre nourriture. Les pluies acides, conséquence des retombées radioactives, contribueraient à la destruction des sols et à la contamination des sources d'eau potable. Les populations les plus touchées seraient celles des pays en développement, qui dépendent fortement de l'agriculture de subsistance et qui ont un accès limité aux réserves alimentaires mondiales.

Technologie : Des solutions de survie low-tech

En cas d'hiver nucléaire, des technologies de survie deviendraient essentielles pour assurer la subsistance des populations restantes. Parmi elles, les systèmes agricoles en milieu clos (comme les fermes verticales et les serres hermétiques) joueraient un rôle crucial en permettant une production alimentaire limitée dans des conditions contrôlées, malgré l'absence de lumière solaire. Les imprimantes 3D seraient également indispensables pour fabriquer des outils vitaux et des pièces de rechange, rendant les communautés plus autonomes face aux ruptures des chaînes d'approvisionnement traditionnelles.

Les réseaux de communication de secours basés sur des drones et des satellites permettraient de maintenir un minimum de coordination entre les différents groupes de survivants, facilitant l'acheminement de l'aide et la transmission des informations critiques. La recherche sur la géoingénierie, notamment la dispersion d'aérosols stratosphériques pour atténuer le refroidissement global, pourrait être intensifiée pour contrer les effets climatiques d'un hiver nucléaire. Ces technologies, bien qu'encore expérimentales et controversées, seraient potentiellement les seuls moyens de restaurer un climat habitable à moyen terme, soulignant à quel point l'humanité serait prête à prendre des risques pour survivre.

Société : Un effondrement social total

L'effondrement de l'agriculture entraînerait la mort de centaines de millions, voire de milliards de personnes. Une étude de l'université Rutgers (2022) a estimé qu'un hiver nucléaire de dix ans pourrait réduire la capacité alimentaire mondiale de 90 %. Les survivants seraient confrontés à des migrations massives vers des zones encore habitables, exacerbant les conflits pour les ressources restantes. Les tensions autour de l'eau potable, des terres cultivables et des abris s'intensifieraient, menant à des affrontements violents et à l'effondrement des structures sociales.

Les systèmes de communication, de transport et d'énergie s'effondreraient, précipitant les sociétés dans une régression technologique et organisationnelle. Les grandes métropoles, incapables de subvenir aux besoins de leurs habitants, deviendraient des zones de chaos, tandis que des communautés plus petites et isolées tenteraient de survivre en autarcie. La loi du plus fort remplacerait rapidement les règles du droit, et des seigneurs de guerre émergeraient, prenant le contrôle de territoires au détriment des populations civiles. La coopération internationale, qui avait déjà été mise à mal par les tensions précédant le conflit, disparaîtrait complètement, laissant place à un monde fragmenté où chaque groupe lutte pour sa survie.

Les leçons pour aujourd'hui

L'hiver nucléaire est une conséquence extrême de la fragilité de nos systèmes géopolitiques et d'une mauvaise gestion des armes de destruction massive. Il souligne l'urgence de renforcer les régulations internationales, telles que le Traité sur la non-prolifération des armes nucléaires (TNP), et de rétablir des mécanismes diplomatiques solides entre les grandes puissances. La prévention de ce scénario passe par une diplomatie active, la dénucléarisation progressive et une coopération accrue en matière de sécurité mondiale.

Il est également essentiel de développer une culture de paix, en éduquant les populations sur les conséquences des conflits armés et en renforçant les initiatives de dialogue interculturel. Les technologies de communication doivent être mises au service de la prévention des conflits, en facilitant la transparence et la compréhension mutuelle entre les nations. Ce scénario rappelle également l'importance de la résilience sociétale : des communautés préparées, capables de coopérer et de s'organiser face aux crises, ont plus de chances de survivre et de reconstruire.

Ce scénario est l'exemple ultime de ce qui peut arriver si l'humanité échoue à prévenir les escalades et à adopter une gouvernance responsable. Il est un rappel brutal de l'interconnexion entre les actions humaines et les bouleversements planétaires. Si nous parvenons à éviter ce sombre avenir, il pourra servir de catalyseur pour repenser radicalement notre approche de la paix et de la survie globale. Ce scénario nous enseigne que la paix n'est jamais acquise et que la préservation de l'avenir de l'humanité dépend de notre capacité à coopérer, à dialoguer et à anticiper les conséquences de nos choix.

5 – Le scénario de la transformation radicale : un nouveau paradigme

Enfin, ce scénario imagine une rupture complète avec les modèles dominants. L'humanité choisit de redéfinir sa relation à la planète, à la technologie et à elle-même, en adoptant une approche holistique qui place la durabilité et la justice au cœur de toutes les décisions. Ce scénario marque l'émergence d'un nouveau paradigme sociétal, où la coopération internationale et la solidarité deviennent les fondements de la civilisation humaine.

Écologie : Une régénération planétaire

Une véritable économie circulaire remplace le modèle extractiviste. Les ressources sont recyclées et réutilisées, limitant les déchets et réduisant la pression sur les écosystèmes. Les écosystèmes sont restaurés grâce à des politiques audacieuses et à une redéfinition des priorités économiques : la préservation de la biodiversité, la reforestation à grande échelle, la restauration des sols et la protection des milieux marins deviennent des objectifs centraux.

Les villes se transforment en écovilles, équipées d'infrastructures vertes et de systèmes de transport durable. Les espaces urbains sont dédiés à la nature et à la production alimentaire locale, réduisant la dépendance aux importations et renforçant la sécurité alimentaire. Les initiatives de conservation communautaire se multiplient, permettant aux populations locales de participer activement à la régénération de leurs environnements. Cette approche vise non seulement à atténuer les dommages causés par des décennies de surexploitation, mais à réinventer la façon dont les humains interagissent avec la nature.

Technologie : L'innovation au service de la durabilité et de l'équité

Les innovations technologiques servent la transition écologique et l'équité sociale.

L'intelligence artificielle est régulée de manière éthique, au service du bien commun. Les avancées en IA et en robotique sont employées pour réduire les tâches pénibles, optimiser l'utilisation des ressources naturelles et soutenir la transition vers des systèmes énergétiques renouvelables. Les technologies vertes, telles que les réacteurs à fusion nucléaire, les panneaux solaires à haut rendement, et les éoliennes flottantes, deviennent la norme et remplacent complètement les combustibles fossiles.

La connectivité est mise au service de l'éducation et de la santé, garantissant que chaque individu, quel que soit son lieu de résidence, ait accès aux services essentiels. Des plateformes ouvertes de collaboration scientifique permettent de partager les innovations et de développer des solutions à l'échelle mondiale, en évitant la concentration du pouvoir technologique entre les mains de quelques multinationales. Les technologies agricoles, telles que l'agriculture verticale et l'agroécologie assistée par IA, permettent de nourrir la population mondiale sans détruire les habitats naturels.

La blockchain et d'autres technologies de

registre distribué sont utilisées pour créer des économies transparentes, limitant la corruption et permettant une distribution plus équitable des ressources. L'automatisation, loin de remplacer les travailleurs de manière aléatoire, est encadrée de sorte à réduire le temps de travail hebdomadaire, permettant à chacun de se consacrer à des activités personnelles et communautaires enrichissantes.

Société : Réforme économique et émancipation culturelle

Les structures économiques et sociales évoluent vers une répartition plus équitable des richesses et des ressources. Le capitalisme débridé laisse place à un système économique hybride, intégrant des mécanismes de marché régulés par des politiques publiques visant le bien-être collectif. Le revenu de base universel est instauré dans de nombreux pays, offrant à chacun la sécurité nécessaire pour explorer des activités créatives, éducatives ou solidaires. Les cultures locales et les savoirs ancestraux sont réhabilités comme des piliers de la résilience. Les communautés indigènes, longtemps marginalisées, jouent un rôle central dans la gestion des ressources naturelles et la protection de la biodiversité. Les savoir-faire traditionnels sont combinés aux technologies modernes pour construlre des solutlons durables, créant ainsi un système résilient qui intègre la diversité culturelle et écologique.

La démocratie évolue vers un modèle plus participatif, où les citoyens sont directement impliqués dans les prises de décisions. Les assemblées citoyennes et les conseils locaux ont un rôle déterminant dans l'élaboration des politiques, garantissant que les choix économiques et sociaux reflètent les besoins réels des populations. Les relations humaines se redéfinissent autour de valeurs de solidarité et de partage, et le succès n'est plus mesuré par la richesse accumulée, mais par le bien-être individuel et collectif.

Un espoir pour l'avenir : l'ambition de se réinventer

Ce scénario est ambitieux, mais il démontre qu'une réinvention totale est possible si nous avons le courage d'affronter nos contradictions et d'embrasser le changement. Il montre qu'en plaçant la coopération, l'équité et la durabilité au centre de nos actions, nous pouvons créer un monde plus juste et plus harmonieux. Ce scénario n'est pas seulement une utopie, mais une voie concrète vers un avenir désirable, fondé sur la responsabilité partagée et la capacité humaine à se réinventer face aux défis globaux.

Il nous invite à repenser notre rapport à la nature, à la technologie et à l'autre, et à construire ensemble un système capable de garantir la prospérité à long terme, non seulement pour l'humanité, mais pour toutes les formes de vie sur Terre. C'est un appel à l'action, à la créativité et à l'engagement, pour transformer radicalement notre monde et éviter les écueils des scénarios de fragmentation ou d'effondrement.

Conclusion : une boussole pour l'avenir

L'humanité est à l'aube d'une ère décisive. Les défis sont immenses, mais les ressources intellectuelles, spirituelles et technologiques dont nous disposons sont tout aussi vastes. Nous devons choisir entre stagnation et progrès, entre fragmentation et unité. Plus qu'un simple exercice intellectuel, ce choix est une urgence morale.

Face à l'incertitude, la philosophie nous invite à penser le long terme, la science nous donne les outils pour agir, et la spiritualité nous aide à trouver du sens. Ensemble, ces forces peuvent nous guider vers un avenir où le chaos n'est pas une fatalité, mais une occasion de réinventer nos sociétés.

Le futur n'est pas écrit. Il dépend de nos choix, de nos actions et de notre capacité à dépasser nos divisions. L'histoire nous enseigne que les périodes de crise sont aussi des périodes de transformation. C'est à nous, aujourd'hui, de tracer les contours du monde de demain.

FIN

Merci infiniment d'avoir lu 2025 l'année de
TOUS les DANGERS

Ce livre vous a plu ?
Laissez votre avis sur Amazon

À très vite,
Nicolas Z. Gassié